国家社会科学基金项目“双重目标驱动下农村新型金融组织创新研究”（编号：11CJY047）最终成果

双重目标驱动下农村新型金融组织创新研究

RESEARCH ON INNOVATION OF NEW RURAL FINANCIAL ORGANIZATION DRIVEN BY DOUBLE GOALS

杨亦民◎著

经济管理出版社
ECONOMY & MANAGEMENT PUBLISHING HOUSE

图书在版编目（CIP）数据

双重目标驱动下农村新型金融组织创新研究/杨亦民著．—北京：经济管理出版社，2018.9

ISBN 978-7-5096-5929-8

Ⅰ．①双… Ⅱ．①杨… Ⅲ．①农村金融—金融组织—研究—中国 Ⅳ．①F832.35

中国版本图书馆 CIP 数据核字（2018）第 178616 号

组稿编辑：郭丽娟
责任编辑：刘　宏　郭丽娟
责任印制：黄章平
责任校对：王纪慧

出版发行：经济管理出版社
（北京市海淀区北蜂窝 8 号中雅大厦 A 座 11 层　100038）
网　　址：www. E-mp. com. cn
电　　话：（010）51915602
印　　刷：北京玺诚印务有限公司
经　　销：新华书店
开　　本：720mm×1000mm/16
印　　张：13. 5
字　　数：213 千字
版　　次：2018 年 9 月第 1 版　　2018 年 9 月第 1 次印刷
书　　号：ISBN 978-7-5096-5929-8
定　　价：68. 00 元

前　言

党的十九大吹响了乡村振兴的号角，乡村振兴是中华民族伟大复兴的前提和基础。实施乡村振兴战略，是决胜全面建成小康社会、全面建设社会主义现代化国家的重大历史任务，是新时代“三农”工作的总抓手。如何将乡村振兴战略有效落地，已成为社会各界关注的一个重要话题。从宏观来看，党中央高屋建瓴，准确定位我国新时代的主要矛盾已经转化为人民日益增长的美好生活需要和不平衡、不充分发展之间的矛盾，这个矛盾转化既对我国“三农”发展提出了新的要求，也凸显了我国“三农”发展面临的突出问题；从微观来看，经过统筹城乡发展、新农村建设、西部大开发等系列战略的实施，我国农村环境持续好转、农业产业持续发展、农民收入持续增加，“三农”改善为乡村振兴创造了条件。然而，无论是清晰的宏观思路和目标，还是现有的乡村发展基础，都不足以构成乡村振兴的充分条件。要将现存的优势条件转化为乡村振兴的原动力，就必须加快形成财政优先保障、金融重点倾斜、社会积极参与的多元投入格局，着力解决“实施乡村振兴战略，钱从哪里来的问题”。很显然，在“三元”投入格局中，金融资本始终处在核心地位并发挥主导作用。为顺利推动乡村振兴战略实施，就必须着力解决农村金融发展滞后、融资结构性错配、农村金融服务质量差等矛盾与问题，深化农村金融体制改革，加快农村金融体系的现代化发展。

20 世纪 80 年代以来，在中央政府的主导下，围绕农村金融组织更好地服务“三农”的改革从未停止过，应当正视的是，在“机构观”的指导下，改革没有从根本上解决农村金融服务与农村经济发展之间的矛盾。2006 年伊始，在“功能观”的指导下，中央政府希望以“增量创新”取代“存量调整”推进农村金融改革的深化。12 年过去了，虽然农村新型金融组织得到了一定程度的发展，但是当前农村金融机构尚无法有效地满足农村产业发展和服务对象多样化的需求，仍然存在诸如农村地区金融机构和网点较少，金融服务覆盖面和渗透率偏低；匹配农村地区和贫困人口的金融产品体系较不完善，金融服务的广度和深度较为有限；农村地区的信用体系建设较为落后，社会信用氛围和群众信用意识有待加强等问题，急需有新的理论去指导实践。本书提出的“目标观”学说为农村金融市场体系和农村金融机构的改革与创新指明了方向，具有重要的理论价值与现实意义。

本书以农村新型金融组织的创新发展为切入点，运用金融创新理论和组织行为理论，提炼和归纳现有学者提出的“机构观”和“功能观”学说，探索农村金融组织变革的理论基础，研究认为“机构观”以其“结构→功能→行为绩效”的变革思路，围绕金融机构进行强制性改变，完成了一定历史时期的历史使命，同时也因其后期特有的视角、方式、方向上的局限性而难以为继。“功能观”随之以“需求→功能→结构”的变革思路，着眼于金融功能指导变革，适应多元化的市场需求，但去机构化、底层设计受限和改革成果复制困难的局限性逐步显现。在中国经济进入新常态的背景下，进一步提高中国农村金融的效率，应统筹协调“经济利益”和“社会责任”双重目标，以“目标观”学说指导其组织变革。现阶段及往后一个比较长的时期内，中国农村金融组织改革应兼顾“经济利益”和“社会责任”双重目标。本书认为从“目标观”的视域研究农村金融组织创新问题，最基本的立论是农村金融组织创新离不开目标定位，目标是农村金融组织可持续发展的基础，并起到统领作用。具体观点如下：①农村新型金融组织是现代农村金融体系的重要组成部分，一方面其自身应具备可持续发展的能力，另一方面应肩负起满足农村“草根层”金融需求的社会责任。②农村新型金融组织的建设既是一个新事物，也是一个历史的过程，根据中国社会发展的历史条件与现实状况，农村新型金融组织的建设面临社会结构、社会体制和社会保障等难点。③农村新型金融组织创新不仅要将“机构观”和“功能观”的思维范式转换为“目标观”的思维范式，同时还要转换为双重目标驱动下的实际行动。④农村新型金融组织建设必然会受到传统经营理念的影响，从而阻碍农村新型金融组织创新意愿和创新能力。⑤农村新型金融组织创新意愿的产生和创新能力的提升，需要农村金融组织、农户和政府的共同参与和协调。

总之，新时代农村金融业支持实施乡村振兴战略，是一项持续时间长、涉及面广的庞大社会系统工程，需要农村金融业和各机构统筹协调，持久作战，形成合力，方能谱写新时代农村金融支持乡村全面振兴的新篇章。农村新型金融组织作为中国农村金融组织体系中的重要一员，理应义不容辞地承担起支持实施乡村振兴战略的历史责任，并在这一历史进程中实现自身的转型升级和可持续发展。

杨亦民

2018 年 8 月 12 日于长沙

目 录

第一章 导 论

第一节 选题背景、目的和意义

一、研究背景

改革开放以来，随着我国农村经济的发展，农村对于金融信贷服务的需求越来越强烈，为了满足不断变化的农村金融需求，我国农村金融经历了三次重大改革：第一次农村金融改革，时间从1978年至1992年，该阶段农村金融改革激发农村信用社活力，但大量农信社资金转移到城市，农村陷入资金短缺的困境，出现大量的民间金融信贷活动。第二次农村金融改革，时间从1993年至2002年，该阶段农村金融改革以建立“三位一体”农村金融体系为目标，调整各级农村信用社的隶属关系，农村信用社成为提供农村金融信贷业务的主力军。第三次农村金融改革，时间为从2003年至今，以构建新型农村金融体系为目标，放宽农村金融市场准入条件，加快扶持村镇银行等新型农村金融机构的发展。通过三次农村金融改革，取得了较大的成效，有效地提升了农村金融市场的活力，但也存在诸多问题。政府部门在主导农村金融改革的同时，容易忽视农村金融机构和农户的需求。在从“机构观”向“功能观”转换的过程中，仅以恢复、发展农村金融机构为主要目标，无法真正解决我国农村金融市场的困境。一方面，农村新型金融组织在中国具有企业管控性质，能够自己规避金融风险，追求营业利润，因此为了能持续经营下去，农村新型金融组织必须权衡其经济效益。另一方面，农村新型金融组织是以政府为导向的金融机构，提高农业福利，保障农业经济发展是其主要的社会责任，为了履行社会责任，提高农民福祉，农村新型金融组织要承担社会责任，支持农业金融信贷业务。中国农业发展基础脆弱，农业信贷资金风险较高，农村新型金融组织在对农信贷业务上，实现其经济效益与社会责任双重目标存在着一定的矛盾，要协调双重目标下的矛盾具有一定的难度，因此，农村新型金融组织在发展的过程中，会受到双重目标的束缚，面临着更深层次的挑战。笔者研究双重目标驱动下农村新型金融组织创新，对于进一步完善新型农村金融体系、促进农业经济可持续发展以及实现农业现代化建设，具有深远意义。

二、研究目的

农村新型金融组织成立之初，就肩负着实现农村普惠金融和追求自身利益最大化的双重目标。其主要表现在两个方面：一方面农村新型金融组织作为自负盈亏、自主经营的独立企业法人，具备现代企业经营特点，必然以追求自身最大利益为其可持续发展的坚实保障；另一方面由于中国“三农”问题形势严峻，作为政府管控的农村新型金融组织，其成立的重要职责在于支持中国新农村建设以及服务“三农”，但由于中国农业经济脆弱、农户经营状况不透明等因素，农村新型金融组织对农信贷业务的拓展面临更低的利润空间以及更高的风险，很难继续维持其服务“三农”的承诺，以至于产生一部分农村新型金融组织“脱农”“背农”的现象，农户和乡镇小微企业的融资需求难以满足，社会福利将持续减少。如何协调“经济利益和社会责任”双重目标，探寻双重目标的平衡点，是实现农村新型金融组织可持续发展的重要保证，是解决农户及乡镇小微企业融资问题的重要保障，是政府通过管控获得社会福利的重要途径。

笔者基于组织创新理论和金融发展理论，依托农村新型金融组织产生的大背景，结合前人研究结果及大量文献资料和相关专家意见，联系到我国农村新型金融组织发展现状及国外经验借鉴，对各类农村新型金融组织的发展做出SWOT分析，深入探讨农村新型金融组织双重目标之间的矛盾及其原因。并对以下问题做出系统的论述与分析：如何通过博弈政府、农户、农村新型金融组织三者的关系，实现双重目标的协调，明确双重目标对农村新型金融组织的内在要求是什么？双重目标驱动下农村新型金融组织创新意愿的影响因素有哪些？具体会对农村新型金融组织的创新意愿造成怎样的影响？通过双重目标关系的协调，如何实现农村新型金融组织创新性改革。

三、研究意义

20世纪80年代以来，在政府的主导下，围绕农村金融组织更好地服务“三农”的改革从未停止过，应当正视的是在“机构观”的指导下，改革没有从根本上解决农村金融服务与经济发展之间的矛盾。2006年开始，在“功能观”的指导下，政府希望以“增量创新”取代“存量调整”推进农村金融改革的深化。但受惯性思维和目标定位模糊的影响，农村新型金融组织在实践中出现了一系列的问题，此时急需有新的理论去指导实践，而笔者围绕“目标观”为农村新型金融组织的创新指明方向，具有重要的理论与现实价值。

在理论上，笔者将弥补以往农村新型金融组织研究中观念和方法理论的缺失，作为农村金融改革理论和农村小额贷款理论的有益补充，以“目标观”为研究视角，有助于全社会对农村金融问题认识的深刻化与全面化，也有助于丰富和发展我国的农村金融理论，推动农村金融问题研究的深化和系统化，通过政策性金融措施与市场发展相协调，为我国农村金融体制改革和体系创新提供有益的参考借鉴。

在实践上，笔者对农村新型金融组织的创新研究，基于“目标观”视角，创新农村新型金融组织信贷业务，降低信贷风险，为农村新型金融组织提供了一条低风险高利润的发展之路。另外，结合农户和农村小微企业自身特点，以政府为主导，提高农村新型金融组织服务水平，更好地支持农户和农村小微企业发展，解决农户融资难题。这有利于我国农村新型金融机构的建设和完善，有利于提高农村金融服务的覆盖面，切实解决农村低收入群体的资金困难，提高其收入水平，缩小城乡差距，促进社会和谐发展。

第二节　国内外研究动态

一、国外研究概况

20 世纪 80 年代以来，国外学者对农村新型金融组织、农户与农村小微企业融资、普惠金融的研究从未停止过，农户及农村小微企业融资难、融资成本高一直影响着农户及农村小微企业的发展。国外学者的研究主要体现在以下三个方面：

1. 农村新型金融组织的可持续发展研究

Schumpeter（1912）提出了金融组织创新研究的概念，由此关于新型金融组织的研究开始蓬勃发展起来。Hicks（1983）提出对金融组织进行金融创新需要降低金融组织的交易成本。Hannon 和 McDowell（1984）金融组织可持续发展的过程应是金融组织在金融市场上推出创新型产品的过程，金融组织能否提供新技术将是决定其能否推出新型金融产品和服务的关键，金融组织在金融市场上的占有率与金融组织推出新产品和服务的频率呈正相关。Stein（2000）提出由于大中型商业企业对金融信贷信息掌握较好，在非完全竞争市场条件下，信息掌握较为全面的大中型企业相比于农村小微企业更能实现规模优势。DeYoung 和 Udell（2004）认为农村金融机构应发挥地缘优势，掌握区域内金融信息，调整自身规模，以实现金融信贷利益最大化。Boueher 和 Gin（2005）在研究农村金融组织金融信贷问题的过程中提出农村金融信贷中大多数农户和农村小微企业得不到正规金融机构的信贷资金。Zeller 和 Manfred（2003）认为农村新型金融组织在追求提高贫困农户的金融福利时会增加其服务成本，从而不利于其可持续发展。Gutiérrez-Nieto（2007）却认为提高农村新型金融组织对农户金融需求服务的深度和广度，能获得规模效应，因此有利于其可持续发展。2012 年世界银行建立了首个金融包容性数据库，从金融稳定性、金融效率、金融可及性、金融深度等方面衡量区域金融发展水平。Llen 等（2014）研究农村金融信贷时发现，农户易在信贷倾向上出现选择性问题，由于缺乏金融知识，部分农户不愿意储蓄，更倾向于借高利贷。Cole 等（2001）对农村信贷者的知识结构进行调查和分析，发现金融知识对农村金融信贷发展有一定的影响，因此需要加大对金融信贷知识的宣传和普及力度。Hakenes（2006）通过实证研究发现一个区域越是贫困，当地金融机构对农户和小微企业的扶持作用就越加明显，农村金融组织越能在金融体系、运行机制、服务范围等方面为申贷者提供便利的融资服务，这种互补关系也有利于农村金融组织创新性发展。

2. 农村新型金融组织的风险控制研究

1997 年麦肯锡公司为了适应现阶段金融机构发展的需要，开始研究如何完善上市公司信用风险控制，将金融工具与企业风险评估工具相结合，预测金融市场的信用风险，充分结合金融机构经营现状与上市企业营业目标来预测金融信贷风险。范里安（1999）运用统计学和数学对金融客户的信用风险进行有效的评价，不断完善金融机构信贷业务管理机制，创新风险管理理论，在金融机构风险管控研究方面取得丰富成果。维尔斯和斯蒂格利茨（2007）提出农村新型金融组织存在的金融风险主要是由于农村金融机构对员工的激励不够，以至于员工在金融信贷工作中存在道德风险。Bruett 和 Fernando（2008）将风险分为操作风险、财务风险和外部风险等，并且认为加强其风险管理可以降低农户的金融脆弱性。Morduch（2010）认为现代农村新型金融组织应具备良好的市场预期及市场管理体制、完善专业人员配备、健全风险防范机制等。Louis 和 Nicola（2013）提出由于普惠金融对信贷资金运作的透明度要求较高，因此，普惠金融可作为反恐怖主义融资和反洗钱的重要手段，保障信贷资金的合理合法利用。Djankovet（2013）主张政府应主动关注农村新型金融组织发展过程中的风险防范、资金来源等问题，将解决问题提升到理论高度，做到更好地促进农村新型金融组织发展。Shashank 和 Bansal（2014）研究认为区域性农村金融组织在动员储蓄能力、把控区域金融风险方面比其他商业银行更有效率，可以为当地农业发展提供可靠的资金来源。

3. 农村新型金融组织的金融普惠性研究

国外很早就有学者从事普惠金融方面的研究，主要是为了解决低收入人群的贫困问题，各国农村金融机构不断推出涉农小额信贷业务，普惠金融研究开始成为全球关注的焦点。Hellmann，Murdock 和 Stiglitz（2000）基于传统“金融抑制”理论，研究农村金融制度体系，认为完善农村金融制度不能单纯依靠市场的作用，由于市场自身存在缺陷，必要时需要政府干预进行引导，使不完全竞争市场理论替代传统农村金融市场理论。Morduch（1999）对普惠金融发展水平度量的指标进行研究，并从弹性、便利性、连续性、可靠性四个方面分析了金融服务的可及性，其研究仅限于理论阶段。2005 年联合国在小额信贷年上提出“普惠金融”一词，并宣传其理论的优越性，从此，关于普惠金融的理论研究开始丰富起来。Demirgilc（2007）深化和完善了普惠金融理论，提出发展普惠金融应成为全世界发展经济的核心议题。世界银行扶贫协商小组（CGAP）成为研究普惠制金融体系的“先锋”。Beck（2007）为了有效测量某一区域内普惠金融发展水平，提出了 8 个指标，其研究后来得到了普惠金融专业的认可和借鉴。Sarma（2008）认为 Beck 提出的普惠金融发展指标过于复杂，基于银行服务使用状况、银行服务的可利用性以及银行渗透度来选择变量，计算出普惠金融指数，即 IFI，其不足之处为没有考虑获取金融服务的成本因素。Pati 和 Armendariz（2009）分别从技术创新、公共政策和小额信贷等方面探讨满足贫困农户金融需求的普惠制农村金融体系。Jesim Pais（2010）运用 Sarma 提出的普惠金融指数对多个国家普惠金融发展程度进行了核算。Arora（2010）用金融机构在提供金融信贷服务时产生的费用来代替金融机构的成本，对获取金融机构服务的差异性进行相关研究。Lindsey Appleyard（2011）通过选取英国和美国金融机构数量和质量的相关指标，对两者的普惠金融服务进行比较评价。Chakravarty（2013）对 Sarma 提出的测算指标进行有效的改进，得出了满足外界条件的简便化处理公式，并对区域内金融机构的普惠金融服务水平进行多维度测算。2013 年普惠金融全球合作伙伴，即 GPFI，在 G20 的金融运作框架下制定了更为全面的普惠金融指标体系，在原有的金融指标体系的基础上，引入了金融服务指标。Weill（2014）通过对比金砖五国的普惠金融发展基本情况，发现农村金融机构中信贷的使用率较低，而存款的额度相对较高，农村民众对农村金融信贷的依赖性最强。Barkema（2012）提出农村金融组织应快速发展以适应当代农村经济发展及农村信贷需求的变化，必须要加快发展农村普惠金融、实施更有效的农村金融改革。

二、国内研究概况

国内关于农村新型金融组织的研究视域和角度各有不同，主要体现在以下几个方面：

1. 农村新型金融组织产生的理论基础研究

关于农村新型金融组织产生的理论研究，目前存在“机构观”和“功能观”两种不同的理论观点。“机构观”认为改革和完善机构的运行绩效需遵循既定的金融机构布局，再通过功能发挥带动行为绩效。李富友（2002）认为从金融机构观的角度并不能解决我国中小企业融资困境，大型金融机构完全有能力为各个类型的企业提供融资服务，应积极组建大型金融机构。白钦先（2005）针对戈德史密斯的量性金融发展观，提出“金融结构演进即金融发展”，这种结构演进需保证质与量的统一发展。罗来武等（2004）根据中国实际，认为中国农村金融制度变迁走了一条“机构路径”，这一路径具有两个特点：一是农村金融制度的每一次改变，基本上都是围绕着金融机构的调整来进行的；二是机构的调整基本上属于一种自上而下的政府强制性行为。张杰（2003）基于“机构观”视角，在既定的农村金融机构布局下，改革和完善机构的运行效率并发挥其功能，之后通过其行为绩效判断其功能实现的效应。白钦先（2006）又对金融功能进行重新界定，他认为金融功能的演进是基础功能→核心功能→扩展功能→衍生功能的递进发展关系，其中核心功能和扩展功能是其主导功能，勾画了这一关系的历史发展轨迹，得出金融功能扩展和提升的演进过程就是金融发展这一重要结论。林毅夫（2009）则认为金融功能可概括为资金动员、资金配置、分散风险。也有学者运用功能观点对我国农村金融改革绩效低下，资源配置功能不能有效发挥的原因进行分析，认为应根据环境发展金融功能，实现农村金融模式多元化发展。熊德平（2007）基于“功能观”视角，认为尽管农村金融组织形式在不同地区和时期变化多样，但其金融功能却相对稳定，组织形式源于功能。因此，农村金融改革的逻辑思路是在其金融功能给定条件下，探寻运作功能实现的农村金融组织体系。赵新浩（2014）基于我国农村新型金融组织发展现状，结合解决“三农”问题及实现农业现代化生产的要求，积极探究发展农村新型金融组织的路径。周孟亮、李俊（2014）提出从“适应性成长”模式体现出发展农村新型金融组织需要良好的外部环境，需要市场行为与政府行为进行有效的协调。何伟传（2015）从农村金融体系发展的需要出发，探究了中国发展农村新型金融组织的重要性，并针对具体问题提出解决方案。敦向东（2015）基于“目标观”视角，结合农村新型金融组织发展的特点，提出完善农村新型金融组织风险管理制度的重要性，对更好更快地发展农村经济有重要影响。匡诺一（2016）提出应加快农村新型金融组织建设，基于现阶段农村新型金融组织发展现状，结合农村金融改革，完善我国农村金融体系。

2. 对农村新型金融组织中不同类型机构的运行状况、制度建设、风险管理和贷款定价等主题的研究

这方面的研究具有两个明显特点：一是文献数量众多，据检索，近几年来以村镇银行（1562 篇）、小额贷款组织（公司）（1349 篇）和农村资金互助组织（324 篇）为题的文献共计 3235 篇，这些文献大都以定性研究为主，且基本上采取现状描述→问题罗列→对策建议的研究范式，在研究深度和对实践的指导作用上都还很不够。二是研究问题的切入点多，但对不同类型组织的比较研究较少，这不利于研究体系的形成。李鸿建（2010）通过对吉林、成都、重庆三家村镇银行的研究，发现村镇银行的存款借贷业务不足，对农村金融的支持力度有限，并存在农村金融信贷资金外流的现象。邵传林（2010）通过一正一反两个案例剖析了农村资金互助社的制度运行效率，政府的过度监管造成效率损失，并提出了优化战略。郭雅（2011）认为目前村镇银行、小额贷款组织的融资来源主要是内源融资，并以其他金融机构和民间信贷为辅助，因此农村新型金融组织应从金融产品和服务创新、定价来解决其金融资金的供需矛盾。景浩（2011）通过研究我国村镇银行的发展现状，提出村镇银行应适度降低融资门槛，引入民间资本，提高资本的流动性，降低金融风险发生概率。罗军（2013）通过研究中西部农村金融组织发展现状，提出目前农村金融组织融资所面临的主要问题为规模有限、税负较高，并建议政府采取相应措施支持农村新型金融组织的发展。吴晓灵（2013）提出村镇银行、小额贷款组织的小额金融贷款必须实现利率覆盖风险。黄涛（2015）提出村镇银行、小额贷款组织和农村资金互助组织应重视其发展中的问题，配合政府部门和农村民众共同解决农村金融信贷中的问题和不足。陈晓红（2015）提出对村镇银行和农村小微企业来说，农户若参加高利贷及其他融资渠道信贷，将会对农村新型金融组织造成严重影响。于洋（2016）针对农村新型金融组织发展的问题，对辽宁省村镇银行进行充分调查，实证分析农户参与村镇银行金融信贷的行为意愿及主要影响因素，为完善金融政策提供政策建议。徐淑芳和余楚楚（2016）采用 DEA 方法，从宏观经济环境视角分析了我国村镇银行经营的财务效率，研究发现，村镇银行的总体财务效率较低，影响村镇银行财务效率的因素较复杂，其中宏观经济环境对其财务效率产生了显著性正向影响。谢永建（2017）基于金融效率的视角，对农村新型金融组织的发展状况和存在的问题进行了系统性分析，并探索了当前影响农村新型组织效率的主要因素。乐昕兴（2017）揭示了我国农村小额信贷存在的环境、信用、管理和政策四类主要风险，并对其信贷风险生成机理进行了深入剖析，最后从征信体系建设、贷后管理及风险分担体系等方面提出相应的管控措施。

3. 以介绍国外农村新型金融组织的发展经验为主题的研究

徐忠、胡光、傅皓辉等（2009）从发展模式、管理体制、资金供给、风险定价和监管框架等角度对国外农村新型金融组织的成功做法进行总结和介绍，借鉴对象集中在孟加拉的格莱珉乡村银行、印度尼西亚人民银行、玻利维亚的阳光银行和印度农业与农村发展银行等。刘宏伟（2013）借鉴了美国农村金融组织发展的相关经验，分析了我国农村新型金融组织发展存在的制约因素，提出建立农村金融存款保险机制以及实现金融信贷利率市场化来完善国内农村金融组织体系。郭军（2013）通过分析国际农村金融组织可持续发展实践及理论，对我国农村新型金融组织创新性发展以及完善农村新型金融组织体系提出相关建议，将一些固定的金融评价指标纳入评价体系中。孙飞霞（2015）结合日本、韩国较早建立的合作金融组织体系，研究我国农村新型金融组织发展瓶颈及发展路径选择。韩立达（2015）研究德国信用合作社的发展背景，分析适合农村经济发展的原因，并从规模、风险防范、监管等方面提出发展农村新型金融组织的政策建议。陈惠芳（2016）分析国外农村新型金融组织发展的相关困境，并结合现阶段国内农村新型金融组织发展的相关情况，从金融资金、金融成本、风险防控机制、监管等方面提出如何创新研究农村新型金融组织，在发展农村经济过程中发挥重要作用。刘芳（2017）通过分析孟加拉的格莱珉乡村银行、印度尼西亚乡村信贷部等国外农村金融反贫困成功案例，认为其主要从组织结构和运行模式为中国农村金融扶贫提供更多的经验支持。谢世清、陈方诺（2017）从格莱珉银行的发展历程和创新特点出发，运用博弈分析法得出关系共同体价值的大小是贷款成功与否的关键因素，并认为中国农村小额信贷应当发挥关系融资的优势、明确不同主体的功能和目的、在发展和监管之间维持平衡。

4. 从普惠金融视角对农村新型金融组织发展的研究

张杰（2005）认为农村金融改革应注重金融环境的生态建设和金融资源的合理配置问题。王芳（2005）结合整个农村金融市场的发展规模，提出应该建立一个多层次、阶梯化的农村金融制度。焦瑾璞（2006）首次提出“普惠制金融体系”的概念，其理念表达了全社会每个人都有享有金融服务的权利，金融服务不限于高收入人群，中低收入者和贫困阶层更应享有金融服务权利。杜晓山（2006）认为我国的农村金融改革不能一成不变，要设立全新的目标，建立并完善普惠金融体系，不能仅惠及一部分人群，而是要惠及整个国家、普通人群、贫困偏远地区等综合体系。李明贤（2009）、何广文（2010）、马九杰（2010）等认为现代农村金融体系应该重视和改善对农村弱势群体的金融服务，农村新型金融组织的职责之一应该是如何科学地解决好贫困群体的金融需求问题。张世春（2010）认为普惠金融的发展光靠金融资金运作很难实现，主要受到政策扶持和财政资金等因素的影响。王曙光、王东宾（2011）提出发展国内普惠金融，应积极推行农村金融改革，实现农村金融的“制度性调整”，以此完善农村普惠金融体系。徐虹、董晓林、褚保金（2012）认为在发展和完善农村普惠金融机构的过程中，农村金融机构网点的设置受到多种因素的影响，除了考虑区域内人口数量的同时，还应考虑区域内人口的收入状况。王婧、胡国晖（2013）提出在确定普惠金融指数的问题上，不仅是借鉴国外学者 Sarma 的观点，而且运用变异系数法和极差法，完善各变量权重运算的准确性。张国俊（2014）基于区域性金融指数测算，运用空间和时间两个维度对农村普惠金融发展进行实证研究。2015 年国内学者焦瑾璞基于中国普惠金融的发展现状，借鉴国外研究经验，利用普惠金融发展指数，首次对全国各地区普惠金融发展水平进行评估和实证分析。陈银娥（2015）基于普惠金融指数的综合评价模型，运用熵值法测算出我国各省普惠金融发展水平，并运用空间 Markov 链以及 Kernel 密度估计等非参数估计法对国内普惠金融发展动态演变进行研究。张忠宇（2016）基于“新四化”对农村金融组织发展的要求，提出应依照普惠金融的可持续发展理论推进并完善我国的农村金融体制改革。师俊国（2016）运用面板平滑转换模型对湖南省普惠金融发展进行实证分析，并指出区域内普惠金融的发展与投资效率具有显著非线性关系。杜强（2016）通过对区域内普惠金融发展与区域内经济发展水平进行实证研究，发现区域内普惠金融发展水平与区域内经济发展水平呈倒 U 形关系，加快农村普惠金融体系建设，有利于促进农村金融资金的优化配置，保障经济健康快速发展。贝多广和张锐（2017）分析了发展普惠金融的“政府引导、市场主导”基本原则，并结合我国国情和国际经验，探讨了在包容性增长背景下应如何制定普惠金融发展战略。张正平和杨丹丹（2017）基于修正后的霍特林模型分析了新型农村金融机构扩张及金融市场竞争对普惠金融发展的影响，研究结果表明新型农村金融机构扩张对普惠金融发展具有显著正向影响，并且在金融市场竞争水平越高的地区这种影响越大。

三、简要述评

综上所述，国外学者对农村金融组织发展的研究，无论从研究的广度和深度来说均有较为丰硕的研究成果，富有启迪性。然而，农村金融组织的创新并非一种“域外价值观”的强行移植，而是组织适应社会发展的内在要求，与本国的文化和制度联系紧密。近年来，国内学者不仅从学理上探讨了农村社会发展与农村金融组织创新的内在关系，还关注着农村金融生态环境恶化给农村乃至社会带来的严重后果。但是国内对农村金融组织创新研究视野较为狭窄，成果比较零散，缺乏系统性；还未深入研究农村金融组织从“存量调整”到“边际增量”改革路径变迁的理论逻辑；还未就“机构观”和“功能观”对农村金融改革的适用性进行反思与批判；还未认识到协调农村新型金融组织肩负的社会责任目标和自身经济利益目标对促进农村新型金融组织可持续发展、建设社会主义新农村的重要性；还未从“目标观”的视域研究农村新型金融组织的变革与创新。因此，笔者在组织创新理论和金融发展理论的指导下，基于“双重目标驱动”的视域研究农村新型金融组织的创新体系，无论是在理论上还是在实践上都具有开拓性。

第三节　研究方法与思路

一、研究方法

1. 历史与逻辑相统一的分析方法

历史与逻辑相统一就是指逻辑的分析应以历史的考察为基础，历史的考察应以逻辑的分析为依据，从而客观、全面地揭示事物的本质和规律。坚持历史与逻辑的统一分析事物发展规律的过程，实质上是坚持主客观相一致的辩证思维过程。笔者在研究农村金融组织变革的理论学说时，首先将各类农村金融组织从农村金融市场的整体联系中区分开来，分解成各个组成部分，并具体考察分析各机构的发展特征；然后又将各自的特征规律相综合，深刻地再现农村金融市场的整体；最后形成从“机构观”到“功能观”，再到“目标观”的历史与逻辑相统一的理论学说。

2. 比较研究法

比较研究一般是指以一定的标准为依据，对两个或两个以上存在相关联系的事物进行分析，探究其异同，揭示其普遍性和特殊性。笔者通过比较分析美、日、德、法、印度、印度尼西亚和孟加拉等国外农村金融组织发展的背景和成功经验，揭示其在我国农村金融组织创新发展中的适用性。利用 SWOT 模型比较分析村镇银行、农村小额贷款公司和农村资金互助社三类农村新型金融组织的优势和劣势、机遇和挑战。

3. 调查研究法

调查研究是指通过问卷、访谈等方式，获取客观对象的直接材料，并对材料进行综合分析的方法。笔者通过浏览中国银监会官方网站，汇总整理农村新型金融组织发展的现状；根据农村新型金融组织创新意愿和创新能力评价指标体系，通过问卷设计和入户访谈，获取村镇银行、农村小额贷款公司和农村资金互助社三类农村新型金融组织的创新意愿和创新能力评价数据，为实证研究提供数据支持。

4. 博弈分析法

博弈分析就是利用博弈论的基本方法和原理，探究理性决策者之间的冲突与合作。笔者运用完全信息静态博弈和不完全信息动态博弈模型，深入分析在“经济利益和社会责任”双重目标约束下政府、农户和农村新型金融组织三方利益主体的决策行动和均衡策略；深入剖析政府、农户和农村新型金融组织三方利益主体之间行为和利益的相互作用和相互影响机制。

5. 实证研究法

实证研究是一种研究范式，它通过观察、实验或调查等手段获取研究对象的客观材料，从个别到一般，归纳出研究对象的普遍规律和本质属性，一般包括提出问题和研究目标、提出可证伪的假设、设计技术方法和路线、获取数据并阐明数据的客观性、利用数据进行假设检验、解释结果并得出结论六个步骤。笔者将计划行为理论（Theory of Planned Behavior，TPB）引入企业创新管理领域，从心理学角度为研究个体行为意愿及其前因影响因素提供了系统性研究框架，并强调行为意愿是影响行为最直接和最主要的因素，而行为意愿又受主观规范、态度和感知行为控制的影响。以此理论为基础，同时纳入企业员工的个人特质因素，探索农村新型金融组织员工的创新态度、主观规范和感知行为控制对其创新意愿的影响机制，试图从计划行为视角构建农村新型金融组织员工创新意愿影响因素模型，具体运用主成分分析法进行因子分析，归纳创新意愿影响因子；运用多元回归分析法对农村新型金融组织员工创新意愿的影响因素展开实证研究。笔者以农村新型金融组织创新能力评价指标体系和调研数据为基础，运用熵权-TOPSIS 相结合的方法以村镇银行为样本，对我国农村新型金融组织的创新能力进行了实证评价。

二、研究思路

笔者按以下思路展开研究：首先，剖析研究背景，对国内外研究动态进行综述，阐明研究意义，提出研究目的和主题。其次，运用金融发展学和组织创新理论，构建农村金融组织变革的理论学说。再次，以我国农村新型金融组织的发展现状分析为基础，着重考察现有不同类型农村新型金融组织发展中面临的优势和劣势、机遇和挑战，并剖析了国外农村金融组织发展的背景和成功经验。复次，探讨了我国农村新型金融组织发展中面临的“经济利益”和“社会责任”双重目标之间的矛盾、原因和博弈协调机制；实证分析了双重目标驱动下我国农村新型金融组织创新意愿的影响因素，对其创新能力水平进行客观评价。最后，以前述理论和实证研究为基础，提出推动我国农村新型金融组织创新发展的政策建议。

具体的研究技术路线可以用图 1-1 表示。

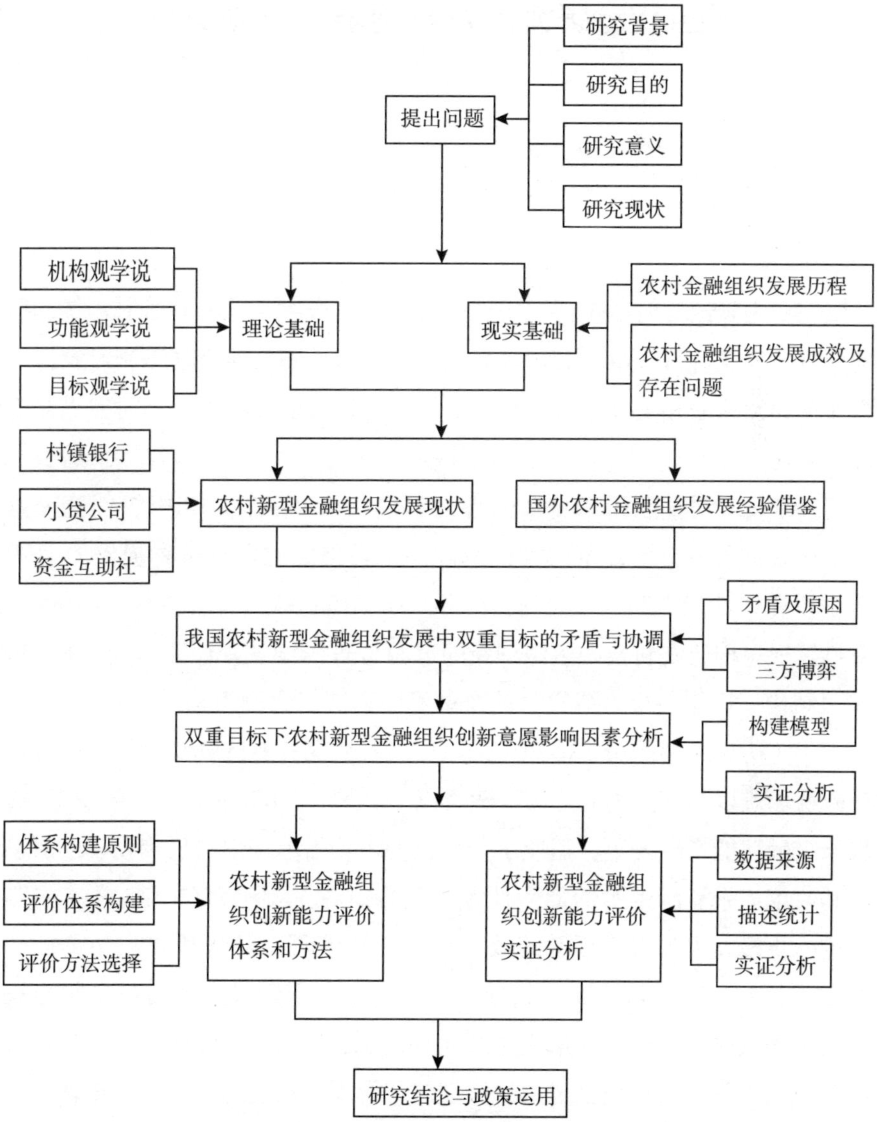

图 1–1　本书研究的技术路线

第四节　研究内容与可能的创新之处

一、研究内容

第一章为导论。对整个课题研究进行总括性介绍。首先对研究背景、研究目的、研究意义进行介绍。其次全面综述了国内外相关研究动态，对农村金融组织变革和发展的相关文献进行梳理。同时，还对研究的方法和研究思路等问题进行阐述。

第二章为农村金融组织变革的理论学说。从金融发展和组织创新理论出发，阐述农村金融组织变革的理论基础，主要包括对现有学者提出的“机构观”学说和“功能观”学说进行提炼和系统归纳；从“社会责任和经济利益”双重目标视角构建农村金融组织创新的“目标观”学说。研究认为“机构观”以其“结构→功能→行为绩效”的变革思路，围绕金融机构进行强制性改变，完成了一定历史时期的历史使命，同时也因其后期特有的视角、方式、方向上的局限性而难以为继。“功能观”随之以“需求→功能→结构”的变革思路，着眼于金融功能指导变革，适应了多元化的市场需求，但去机构化、底层设计局限和改革成果复制困难的局限性逐步显现。在中国经济进入新常态的背景下，进一步提高中国农村金融的效率，应统筹协调“经济利益”和“社会责任”双重目标，以“目标观”指导其组织变革。现阶段及往后一个相当长的时期内中国农村金融组织改革应兼顾“经济利益”和“社会责任”双重目标。本部分研究为我国农村新型金融组织创新意愿和创新能力寻求理论依据。

第三章为农村新型金融组织发展现状及国外经验借鉴。首先以银监会官方数据为基础，阐述了三类农村新型金融组织的发展现状，十年来三类组织的发展存在严重的非均衡性和政府主导性特征。其次通过 SWOT 方法对比分析了我国现有三类农村新型金融组织发展存在的优势和劣势、机遇和挑战，研究发现：这三种农村新型金融组织既存在共同的优势和劣势，也面临着同样的机遇和挑战，但是，由于各自自身的独特性，在四个维度上又有各自的差异性，因此，必须分别予以阐释，才能准确把握。最后基于“目标观”的视角，分析了美、德、法、日、印度、孟加拉、印度尼西亚等国外农村金融组织发展的成功经验与启示，只有构建起全面的法律制度体系、强力的政府支持、保持合作金融本色和创新金融服务，才能推进农村金融组织可持续发展。本部分研究为我国农村新型金融组织创新意愿和创新能力寻求现实依据。

第四章为农村新型金融组织发展中双重目标的矛盾与协调及其影响研究。以“经济利益”和“社会责任”目标的内涵为出发点，剖析双重目标之间矛盾产生的理论逻辑和具体表现；基于历史与逻辑分析视角，研究发现资金规模约束、多维风险叠加和制度建设滞后分别是双重目标之间矛盾产生的根本点、落脚点和关键点；利用完全信息静态博弈和不完全信息动态博弈模型，探索农户、政府和农村新型金融组织三方利益和矛盾的协调机制，研究发现不管是在完全信息静态情境下还是在不完全信息动态情境下，三方利益主体都存在双重目标协调的内在需求，只有协调好各自的双重目标，才能获得利益最大化的均衡解；双重目标就如何推动农村新型金融组织可持续发展分别从组织结构、治理结构、运行机制、运行环境和技术创新五个方面提出了内在要求，同时剖析了双重目标对农村新型金融组织行为的影响。

第五章为双重目标驱动下农村新型金融组织创新意愿的影响因素分析。笔者通过引入计划行为理论（TPB），从心理学角度构建农村新型金融组织员工创新行为意愿及其前因影响因素模型；纳入企业员工的个人特质因素，探索农村新型金融组织员工的创新态度、主观规范和感知行为控制对其创新意愿的影响机制。研究发现：创新行为态度、主观规范和感知行为控制对农村新型金融组织员工创新意愿影响的主效应显著正相关，并且波动幅度不大；性别、年龄、学历和工作经验对创新意愿回归的主效应产生了显著性影响，其中性别、学历和工作经验显著正相关，只有年龄变量的调节主效应与其呈显著负相关关系；调节变量与自变量的交互效应存在一定的差异性。

第六章为农村新型金融组织创新能力评价体系构建与方法选择。笔者以双重目标协调为出发点，坚守科学性、系统性、层次性、针对性和可行性五原则，从创新投入、创新产出、创新环境和创新管理四个维度构建了农村新型金融组织创新能力评价体系。为避免人为评价所带来的主观影响，笔者选择熵权法和 TOPSIS 法相结合的评价方法对我国农村新型金融组织的创新能力进行评价。

第七章为农村新型金融组织创新能力评价实证分析。本章以村镇银行为例，利用农村新型金融组织创新能力评价指标体系展开问卷调查，获取样本数据，并运用熵权-TOPSIS 相结合的评价方法进行实证分析。研究发现：村镇银行并不能较好地协调创新投入、创新产出、创新环境和创新管理四个维度；投入产出的非对称性现象较为严重；各地区村镇银行在创新管理上由东向西逐渐下降、在创新投入和创新环境上由东向西逐渐上升、在整体的创新能力上基本相近。

第八章为研究结论与政策运用。对研究结论进行总结，为促进我国农村新型金融组织可持续发展提出政策建议。

二、可能的创新之处

1. 研究视角的创新

目前的研究主要是以“机构观”和“功能观”的视角探索农村新型金融组织的产生和发展问题，仍然以行政主导的逻辑思路分析农村新型金融组织发展中存在的问题与表象。已有的理论研究和农村金融改革实践告诉我们，只有协调好“经济利益”和“社会责任”双重目标，农村新型金融组织才能成为农村金融市场体系的有机组成部分，实现可持续健康发展。笔者从“目标观”的理论学说出发，研究农村新型金融组织的变革与创新，使其更好地服务于“三农”，确属研究视角的创新。

2. 具体研究内容的创新

（1）根据“机构观”和“功能观”的实践演进和经验教训，提出了进一步深化农村金融组织改革应基于“经济利益”和“社会责任”的“目标观”，坚持功能发挥与机构建设并重，以可持续发展为原则、良好金融生态为保障，最终实现普惠金融的创新思路。

（2）基于“经济利益”和“社会责任”的协调目标，分析了政府、农户和农村新型金融组织三方利益主体之间的博弈关系。

（3）比较分析了各类农村新型金融组织的优势、劣势、机遇和挑战。

（4）基于 TBP 理论的员工创新意愿影响模型，实证分析了影响农村新型金融组织员工创新意愿的关键因素。

（5）系统地构建了农村新型金融组织创新能力评价体系，并进行了客观评价。

3. 研究方法的创新

（1）运用完全信息静态博弈和不完全信息动态博弈方法，探索政府、农户和农村新型金融组织三方利益主体之间的责任和收益。

（2）以员工个人特征变量作为调节变量，建立农村新型金融组织员工创新意愿影响的调节变量模型，运用层次回归法分析员工个人特征的调节效应。

（3）运用熵权-TOPSIS 方法综合评价农村新型金融组织（以村镇银行为例）的创新能力水平。

第二章　农村金融组织变革的理论学说[①]

第一节　农村金融组织发展的“机构观”学说

“机构观”原被称为“传统金融改革理论”，以实现金融机构、金融工具、金融产品的扩张和微观组织效率提升为主导思想，其指导下的中国农村金融组织变革是中国农村金融组织体系建立的基础阶段。在“功能观”之前并没有所谓的“机构观”一说，直到 1995 年，在 Merton 等正式提出“功能观”之后，学界才将这之前的金融改革思想归纳为“机构观”。

新中国成立之初，农村金融职能由中国人民银行统一执行，重工业超前发展战略的实施，导致城乡二元结构迅速加剧，农村金融发展处于弱势地位，此时政府致力于通过开办各种金融组织来创建相对完整的农村金融体系架构。

一、基本思路

“机构观”指导下的变革按照“结构→功能→行为绩效”的思路展开（见图 2-1）。“结构”也就是“机构建设”，即以机构为基础，将变革力量直接作

---

① 引自：杨亦民，叶明欢．目标观：深化农村金融组织变革的应然选择——基于机构观和功能观的实践演进视角［J］．湖南农业大学学报（社会科学版），2016（1）．

用于金融组织本身，进行金融机构的广覆盖、金融产品与金融工具的全面推广，以及金融机构的内部调整等微观建设；“功能”也就是“功能完善”，是机构建设达到行为绩效的桥梁，通过机构建设对金融机构自身功能进行完善；“行为绩效”也就是“金融服务提升”，是“机构观”指导下的最直观结果。作用于机构本身的改革力量，借助于金融功能的完善，最终提升机构的金融服务质量，达到提高金融效率、促进经济发展的目的。

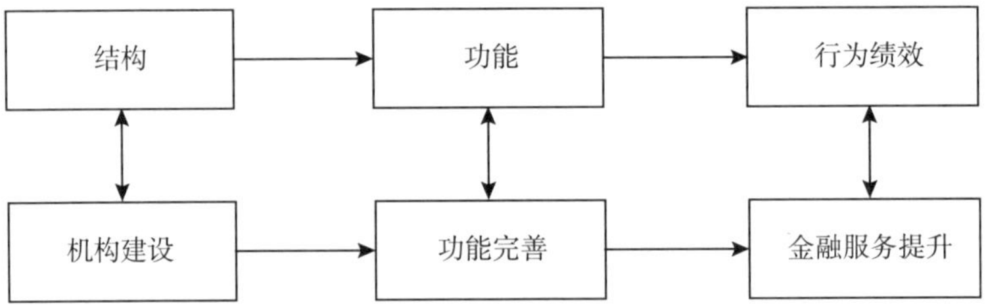

图 2-1 “机构观”指导下的变革思路

二、内涵和特点

“机构观”指导下的农村金融组织变革是中国农村金融发展的“量变”阶段。最初中国人民银行是农村市场中金融资源的唯一供给者，金融资源的需求远远大于供给，供需不平衡促进了农村金融组织的分工和专业化。农行、农发行、农信社等农村金融组织相继建立，其分支机构也在农村地区大量铺开。

“机构观”指导下的变革中，市场规模的扩大所带来的分工和专业化并不具有完全的市场性，专业化的分工并非市场自行产生，而是通过国家的力量自上而下强制产生的。虽然其不具有完全的市场性，但不能否认这种情形下产生的专业化分工仍然在很长一段时间内对中国农村经济起到了促进作用。

“机构观”指导下的这一农村金融组织变革具有以下两个特点：一是围绕金融机构从微观上进行变革；二是采取的是自上而下的强制性变革方式。农业银行“四起三落”、农信社实现独立经营、农村合作基金会的解散等一系列的组织变革无不体现着以上两个特点。

三、发展历程

“机构观”指导下的中国农村金融组织变革经历了 70 多年的探索和演变，以 1979 年中国农业银行的最终成立为分界点，共经历了农村金融体系的形成与完善两个阶段。

1979 年以前，是中国农村金融体系的形成阶段。这一时期中国农村金融发展较少关注非正规金融，农户民间借贷、银背信用、私人钱庄、合会、民间集资、典当业信用、民间商业信用等非正规金融活动一直处于被默许状态；农村信用合作社（以下简称“农信社”）从典型试办，一路摸索，到 1962 年从信用分部中剥离实现独立经营，发展成自主经营、自负盈亏的集体金融组织；中国农业银行（以下简称“农行”）“四起三落”，与中国人民银行（以下简称“央行”）“合合分分”，到 1979 年最终恢复建制，标志着中国农村金融体制基本形成。

1980~2003 年，是“机构观”指导下中国农村金融体系的自我完善阶段。农村金融体制基本形成后，农村市场慢慢接受金融知识的洗礼。20 世纪 80 年代，由基层发起的农村合作基金会逐步兴起，在农村金融市场发挥了其作为非正式金融组织的较大作用。但因完全的草根性，不受货币当局约束，利率浮动较大，盈利性强，农村合作基金会出现一系列违法经营问题，最终在 1999 年被正式取缔，结束了中国农村非正规金融的有组织状态。相比非正规金融，正规金融在这一阶段得到了长足的发展，农行推行企业化改革，并完成国有商业银行转轨；农信社 1996 年与农行脱离行政隶属关系，于 2003 年开始了股份制和合作制改革；1986 年邮电部投资成立邮政储汇局，由央行监管，只存不贷，通过 10 年时间，迅速在农村铺设了 2 万余个储蓄网点；1994 年中国农业发展银行（以下简称“农发行”）组建，专门开展政策性业务，到 1996 年，农发行分支机构延伸至全国各县（市），至此中国形成了相对完整的农村政策性金融体系，随后农发行进行两次业务调整，大大扩展了其政策性贷款业务范围。农村金融体系完善阶段后期，四大国有银行从农村撤并县及县以下机构 3. 1 万个，大量退出农村金融市场，最终导致农村金融资源逐步向农信社和邮政储蓄聚集（见图 2-2）。

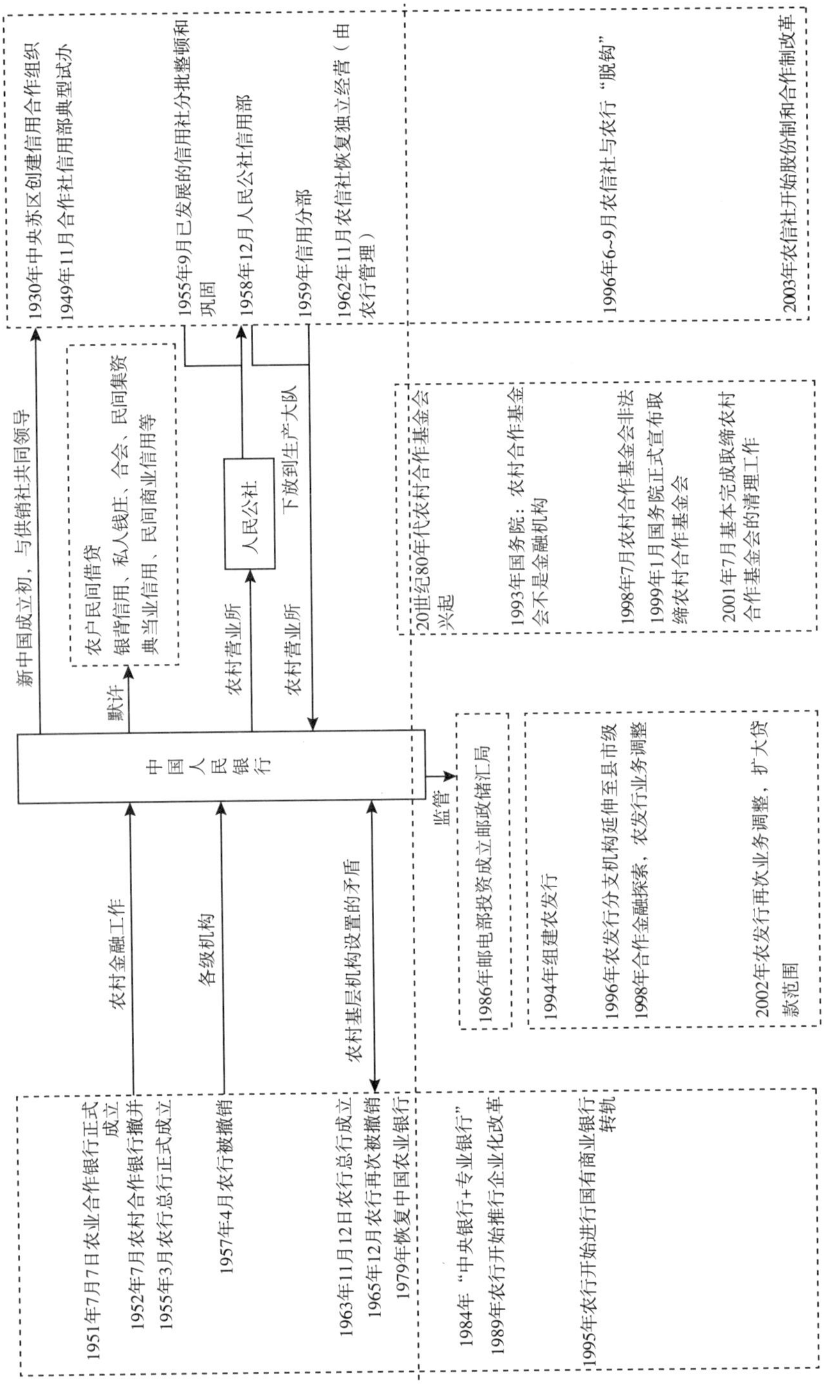

图2-2 “机构观”视角下我国农村金融组织变革历程

四、成效及局限

“机构观”指导下的中国农村金融组织变革，初步建立和完善了中国农村金融体制。各种金融机构的设立和农村金融政策的实施，对当时的中国农村金融市场和农村经济发展起到了切实的推动作用；政策性金融体系的形成对金融体制的健全起到了一定的补充和完善作用。但后期，“机构观”指导下的变革明显后继乏力，中国农村金融组织变革陷入困局。

一是变革指导的局限性。“机构观”始终停留在对农村金融机构的改革上，是一种“由内向外”的变革观，这种变革局限于金融结构框架内部。短期内的金融机构建设，包括金融机构、金融产品、金融工具等，确实能够从金融方面对经济增长起到推动作用；但从长远来看，这种变革局限于结构内部，极易造成农村金融机构职能固化，无法及时根据环境变化快速进行自我调整，当外界环境发生变化时，金融组织的运行就会变得无序，更无法促进农村经济的发展。

二是变革方式的局限性。“机构观”下的变革采用强制性制度变迁，农村金融需求主体在农村金融组织演进的过程中始终都是被动的接受者。变革中，金融机构的出现并不是完全的市场产物，而是强制性变迁的结果。这种改革方式直观且易于衡量效果，利于政府或金融机构自身进行效率评价，但容易陷入盲目的金融量性追求，而且政府主导的强制性变革往往会因顾及政府及其金融机构的既得利益而忽视农村弱势群体的资金需求，在实行时与农村金融市场实际需求偏差越来越大，所以这种形式的金融机构发展并不能从根本上解决农村金融服务与经济发展的矛盾。

三是变革方向的局限性。70 多年的“机构观”变革历程，政府主要关注的是农村正规金融机构的发展及其内部关系的协调，对于非正规金融组织则加大了管制力度。正规金融在此阶段得到了充分的发展，农行、农信社、农发行、邮政储汇等正规金融机构在发展过程中基本得到完善。政府对待农村非正规金融组织与活动的态度则迥然不同，从一开始的默许到后来因为违法经营状况的出现而加大管制力度直至最终完全取缔。这种厚此薄彼的变革导致了农村金融组织发展的极度不平衡，农村金融需求主体无法从非正规金融组织获得服务，正规金融组织门槛又太高，最终农村资金大量外流，城乡二元结构更加明显，阻碍了农村经济的发展。

第二节 农村金融组织发展的“功能观”学说

“功能观”最早可以追溯至 Robert C. Merton 于 1995 年提出的金融体系六大职能：提供支付系统、为大规模企业提供聚集资金的机制、跨时空的经济资源转移、不确定性管理和风险控制、提供价格信息、提供解决信息不对称问题和激励问题的方法。1999 年，Zvi Bodie 和 Robert C. Merton 在 *FINANCE* 一书中对“功能观”进行了较为详细的阐述，提出了金融体系的运行和变革的概念框架，并对金融体系六大核心功能重新进行整理。整理后的金融体系六大核心功能为：跨时空的经济资源转移、管理风险、清算和支付结算功能、提供聚集资源的机制和分割企业股份的服务、为经济部门分散的决策者提供价格信息、解决激励问题。同期，诸多学者也在此领域进行研究。Levine 认为金融体系具有配置资源、动员储蓄、实施企业监控、促进风险管理、便利商品、劳务和合约六大功能。白钦先在 1998 年提出，金融体系具有资源配置功能、资金媒介功能、资产避险功能、产业结构调整功能、引导消费功能，2006 年又将其重新界定为基础功能、核心功能、扩展功能、衍生功能。Allen 和 Gale 将金融体系功能概括为风险分散、信息提供和企业监控。林毅夫则总结出资金动员、资金配置、分散风险三大金融体系功能。虽然国内外众多学者对金融功能的论述大相径庭，但只是研究的视角和层次不同，从本质上来说，这些论述是基本一致的。鉴于“机构观”指导下的农村金融组织变革后期存在的诸多局限，无法协调农村金融与经济的良性发展，“功能观”指导下的农村金融组织变革思想应运而生。

一、基本思路

“功能观”指导下的农村金融组织变革按照“需求→功能→结构”的思

路，是一种由外向内的变革方式。如图 2-3 所示，“功能观”立足的基础是金融功能相对金融机构的稳定性，先提出“金融体系需要提供哪些金融功能”，然后根据农村金融的外部环境，也就是实际的市场金融功能需求，在此基础上对金融机构进行创新，探求所需金融功能的最好表现形式。与“机构观”不同，“功能观”应外界之变，不拘泥于固定的金融组织形式，在金融功能的稳定输出下，以结构的多样性来应对农村市场的多元化需求。

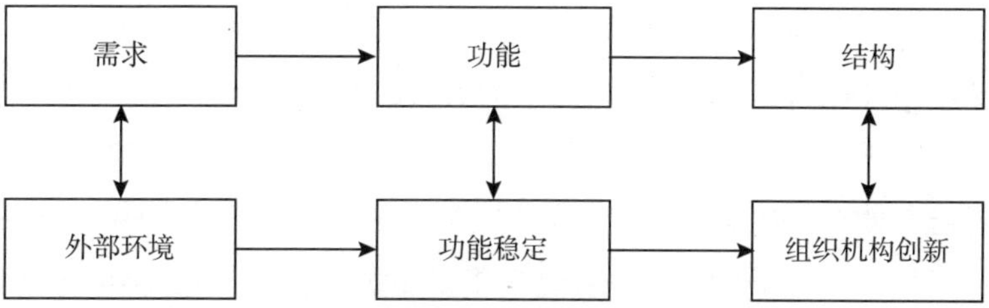

图 2-3 “功能观”指导下的变革思路

二、内涵与特点

“功能观”又称“功能范式”，其指导下的中国农村金融组织变革是中国农村金融组织发展和壮大的“质变”阶段，冲破了机构的桎梏，以金融功能为指导，通过金融机构组织形式、责任分工的突破整体提升金融支农效率。“功能观”存在两个方面的核心内容：一是金融功能相对金融机构更为稳定。金融功能是金融机构的核心与基础，金融机构是金融功能的外在表现形式，金融机构的变化和金融工具的创新应围绕金融功能进行。二是金融功能的实现，需要依靠金融机构的不断创新和相互竞争，提高金融体系效率。

“功能观”对金融发展的解释跳出了传统的机构和市场的范围，认为金融发展的本质是外部需求下金融功能的发挥。金融发展促进经济发展的机制是金融机构与金融市场通过静态竞争与动态促进实现金融功能的不同组合与变化，从而提升金融体系的整体效率，满足经济发展的需要；不同国家和地区的金融体系差异主要源于其经济环境的外在需求不同，金融的核心功能仍然是一致和稳定的；金融体系没有先进和落后之分，关键在于是否提供了满足社会经济发展所需要的金融功能；金融机构的设立及其职能划分不能完全依靠政府部门的行政手段，应在遵循金融功能的基础上随外在市场需求的变化不断调整，金融工具和金融政策也应当遵循这一原则，否则将阻碍经济发展。

三、发展历程

要想探讨“功能观”下农村金融组织的变革发展，首先应了解并非金融机构发展之后才出现金融功能，机构与功能是共生的关系，机构的产生伴随着部分功能的出现，功能的发挥又必须依赖于机构的发展。

学界已有的金融“功能观”是对整个金融体系功能的归纳，对分析中国农村金融市场并不太适用。“功能观”指导下的中国农村金融组织变革更多关注金融功能的发展而非机构的变革。笔者在总结前人的成果和分析农村金融组织发展的基础上，认为中国农村金融功能的演进过程如图 2-4 所示：

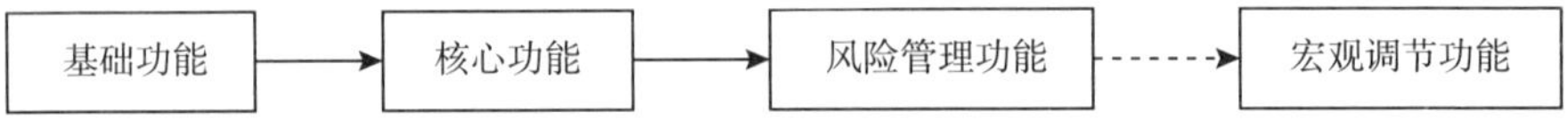

图 2-4　我国农村金融功能演进

中国农村金融功能发展过程中各个功能之间并不存在明显的分界线，后一功能是在前一功能发展到一定历史时期在一定诱因的作用下才出现，前后功能存在交织重叠的部分，也存在横向与纵向的延伸。

基础功能，包括保管、清算、兑换和支付结算等功能，是整个农村金融功能演进的基石，是后续功能发展的基础。这一功能伴随着机构的建立而产生，各大金融机构相继在农村铺设网点，给农村金融需求者提供了极大的便利，保管（存储）功能发挥得淋漓尽致。清算、兑换、支付结算等其他基础功能也逐渐被人们所使用。

核心功能，即 Merton 等所概括的跨时空的经济资源转移、提供价格信息、提供聚集资源的机制和分割企业股份的服务，也就是白钦先所说的资源配置功能。这一功能是基础功能的延伸，作用面更广，效用也更大。以农补工阶段，大量的资金从农村涌入城市，支援城市建设，即农村金融机构在基础功能上发挥其核心功能，进行了资源的转移。现在中国开始呼吁“以工补农”，农村金融组织逐渐控制资源转移力度，尽量做到“取之于农、用之于农”。正是在这种形势下催生出了农村新型金融组织，如村镇银行、小额贷款公司、资金互助社等，在不同程度上满足了农村经济建设的需要，实现了农村金融资源转移的有效控制。

风险管理功能是农村金融发展中最为重要的环节，在于解决农村金融市场信息不对称、道德风险、交易费用过高等历史遗留问题。Merton 等所说的管理风险和解决激励问题都是这一功能的内容。从这一功能催生出的金融机构、金融产品、金融工具非常之多，如保险公司、担保公司、农产品期货市场、订单农业、政策性农业保险、各种形式的抵押贷款、农业信托产品等，都在农村金融发展过程中发挥着巨大的作用。

宏观调节功能虽然并非中国农村金融体系的直接功能（在图 2-4 中采用虚线箭头标识），但这种宏观调节对于中国农村经济发展的作用无疑是巨大的。事实上，宏观调节功能贯穿了整个农村金融功能发展的过程（见图 2-5）。国家宏观调控的政策及相关措施作用于农村金融体系，农村金融体系通过一定的金融手段实现农村市场特定的金融战略，达到调节经济的目的，最终实现农村金融的宏观调节功能。中国农村政策性金融的运行体现了完整的宏观调节功能作用，以农发行为代表的政策性金融机构，承担粮、棉、油、储备肉等收购和储备贷款业务，发展过程中不断受国务院的领导和业务调整，并根据国家政策调整面向农村各项基础设施建设的扶持力度，这些都直接作用于农村市场，并最终引导农村种养殖业发展方向、影响农村基础设施完善水平。

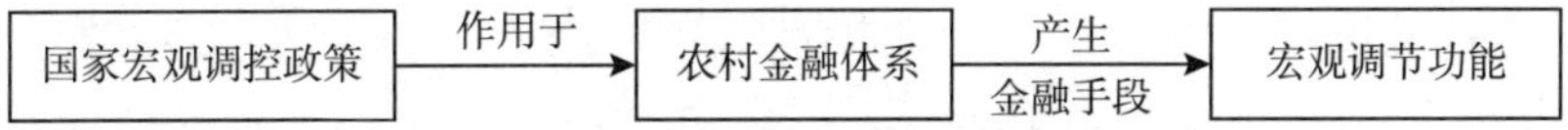

图 2-5　农村金融宏观调节功能的产生

四、成效及局限

“功能观”弥补了“机构观”的不足，打破了农村金融组织的结构僵局，充分顺应市场环境，适应了农村金融多元化需求，促成了中国农村金融组织的良好变革。“机构观”是“功能观”的基础，“功能观”的有效实施需依托于“机构观”所创造的变革成果与经验积累。尽管如此，“功能观”却并非中国农村金融组织变革的完美指引，从现阶段农村金融组织尤其是新型金融组织的发展来看，“功能观”仍然存在一定的局限性。

一是功能化的局限性。“功能观”指导下的中国农村金融组织变革以金融功能为切入点，认可金融功能的相对稳定性，这是中国金融改革理论上的重大突破。在这种巨大理论思潮的冲击下，底层实践者往往忽略了“机构”的重要性，为追求金融创新而一味重视功能改革，金融功能过快过新发展，“去机构”现象严重，忽视了不同经济发展水平和阶段对不同金融功能的需要，导致金融机构无法与金融功能并驾齐驱，大大增加了金融市场中的交易成本和金融风险，最终导致农村金融改革与实践严重脱节，阻碍农村经济长足发展。

二是底层设计的局限性。以“功能观”为指导的农村金融组织变革多采用自下而上的诱致性变迁方式，往往表现为小范围内的农村地区探索成功后其他地区再进行复制。这种变革方式能够很好地契合农村经济、金融发展的实际，但也存在弊端，底层设计下的功能观变革，大多都存在通用性不强的问题，其他地区照搬其改革模式，在设计时法律层面、制度层面的约束不够，会给一些不法分子以可乘之机。如在中国农村新型金融组织创建过程中，资金互助社就因为非法集资问题给农户造成了很大的损失，最终到 2011 年银监会不得不发文暂缓审批农村资金互助社。所以，这种底层设计具有明显的实践层面的缺陷。

三是地域推广的局限性。中国具有明显的城乡“二元结构”，再加上农村地域广阔、人口多、发展水平不一，给农村金融改革带来了很大的困难。以“功能观”为指导的农村金融机构和金融产品（如农村新型金融组织和农业信托产品）的创新多发生在相对较发达的县级市、东南沿海农村地区；而发展较为落后的农村地区信息传达相对缓慢、市场相对闭塞，接受这些创新的难度较大，相对发达的农村金融组织革新经验对于相对落后的农村并不那么适用，或者说其复制成本远远超过落后农村地区的承载力。

第三节　农村金融组织发展的“目标观”学说

基于上述分析可知，“机构观”和“功能观”两种思路都存在明显的局限性。要弥补“功能观”指导下的中国农村金融组织改革后期存在的实践上的不足，避免“功能观”改革中忽略“机构”现象，笔者认为进一步深化中国农村金融组织改革应基于“经济利益”和“社会责任”双重目标，也就是以“目标观”作为农村金融组织改革的核心理念和根本指导思想，坚持功能发展与机构建设并重，为最终实现普惠金融提供保障。现将以“目标观”为指导的农村金融组织创新的基本思路与主要构想分述如下：

一、基本思路

“目标观”是基于“功能观”和“机构观”变革理论及其实践成果的新思路，“功能观”“机构观”“目标观”是一种合理继承基础上的“扬弃”，从新中国农村金融组织变革的历史进程看，又是一个统一的整体。如图 2-6 所示，机构观及其变革是功能观及其实践的基础，而功能观的实践又是目标观及其实践的基础。目标观没有全盘摒弃机构观和功能观的实践成果，更没有否认机构观和功能观指导下的改革成果和历史地位。目标观包含了机构观和功能观的合理内核，只不过相对机构观和功能观具有更大的适用范围。

功能观以相对更为稳定的功能为改革切入点取代频繁的机构变革，弥补了机构观的不足。目标观则是为弥补功能观在实践层面上的劣势而提出。笔者认为现阶段及往后一个比较长的时期内中国农村金融组织改革应兼顾“经济利益”和“社会责任”双重目标。“经济利益”是指组织自身的盈利性、经营的

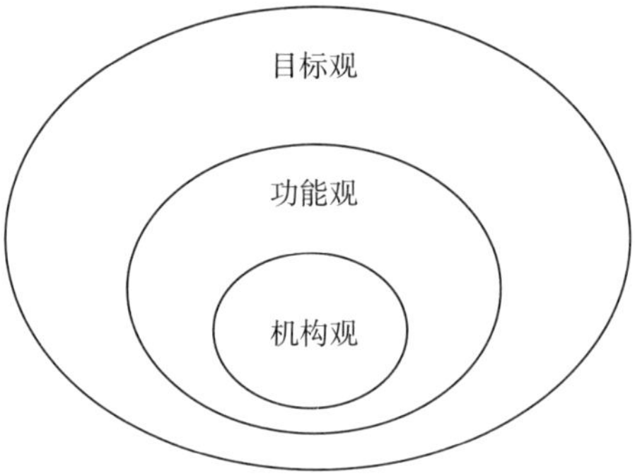

图 2-6　目标观、功能观、机构观的关系

可持续性以及组织成员的普惠性；“社会责任”是指肩负起满足农村“草根层”金融需求的责任，包括对农村金融市场中多元化需求的满足，对信息不对称的平滑，发展和完善农村金融机构、金融产品和衍生工具，提供适当而全面的金融服务，等等。

目标观的变革原则——可持续发展。金融组织是农村金融改革的基础，要想农村金融具有持续活力，农村金融组织长久地在农村市场中发挥作用，首先要解决的就是农村金融组织的生存问题，因此农村金融组织应在改革中保持可持续发展。可持续发展原本强调的是经济发展与环境保护的协调关系，这与农村金融组织改革目标观要求的经济利益与社会责任双重目标存在内在的一致性。农村金融组织改革中应遵循可持续原则，统筹经济利益和社会责任，在保证适当盈利的同时兼顾应该承担的金融责任，既不能一味追求盈利而选择性开展信贷业务，忽视缺乏经济实力者的金融诉求，也不能毫无门槛地派发金融权利、放弃追求自身经济利益。

目标观的变革保障——良好的金融生态。农村金融组织除保证自我生存外，还需要良好的生存与发展环境，即金融生态。金融生态是农村金融组织建设和金融发展的外部环境，金融生态的状况直接决定了农村金融的发展难易程度。建设良好的金融生态需做好以下几点：一是健全金融法律体系，法治环境是金融生态环境最主要的构成部分，也是农村金融良好发展的最高保障，农村金融“新政”以来，农村金融市场逐步开放，需要更为严谨全面的法律体系保障农村金融改革的顺利实施；二是加强制度建设，积极促进以地方政府为领导、相关金融部门为辅、金融机构配合的金融支农相关制度建设，这是保持农村金融改革良性发展的有力保证；三是积极推进农村征信体系建设，农村征信体系建设是优化农村金融信用环境的重要一环，良好的信用环境更利于降低交易成本、平滑信息不对称，提高金融市场的运行效率。

目标观的终极目的——普惠金融。机构观指导下的中国农村金融改革完成了初步建立农村金融体系的历史使命；功能观指导下的变革则使得中国农村金融呈现多元化发展格局，金融产品和金融机构的创新与竞争都有不同程度的加强，农村弱势群体的金融权利越来越得到重视；笔者提出目标观的改革观点，希望接替功能观的改革，将功能观思想落实到实践层面，最终实现普惠金融。普惠金融（Inclusive Financial System）远远超出了小额贷款的立意，并非只为具有一定经济实力的主体服务，也非盲目地对任何主体提供同样的小额信贷，而是为所有客户提供全方位契合的金融服务。普惠金融强调以下两点：一是全面性，即普惠金融的服务对象覆盖的全面性，“穷人”不再被排斥，与“富人”共同享有平等金融权利；二是合理性，普惠金融不是盲目追求金融产品和金融机构数量与种类的繁多，而是金融机构以合理的成本提供服务，不同金融需求主体获得合适的金融服务。

二、主要构想

以目标观为指导的农村金融组织改革理念继承了机构观与功能观的合理内核，其变革思想体系（见图 2-7）共分为三个层次，从上往下依次为目标层、功能层和机构层。

第一层：目标层。目标层位于目标观体系的顶层，对整个农村金融组织改革起到统筹领导的作用。该层提出农村金融组织改革需要同时兼顾“经济利益”和“社会责任”双重目标，即农村金融组织在追求自身利润和可持续发展的同时，兼顾惠农支农的重任，发挥“信贷杠杆”作用，灵活调配农村金融资源，促进“三农”发展，只有同时协调了这两个方面的目标，彼此兼顾，才能保证中国农村金融组织健康有序发展。该层凌驾于功能观和机构观的改革之上，对下面两层给出了目标导向，并直接决定了功能层面的发展方向。

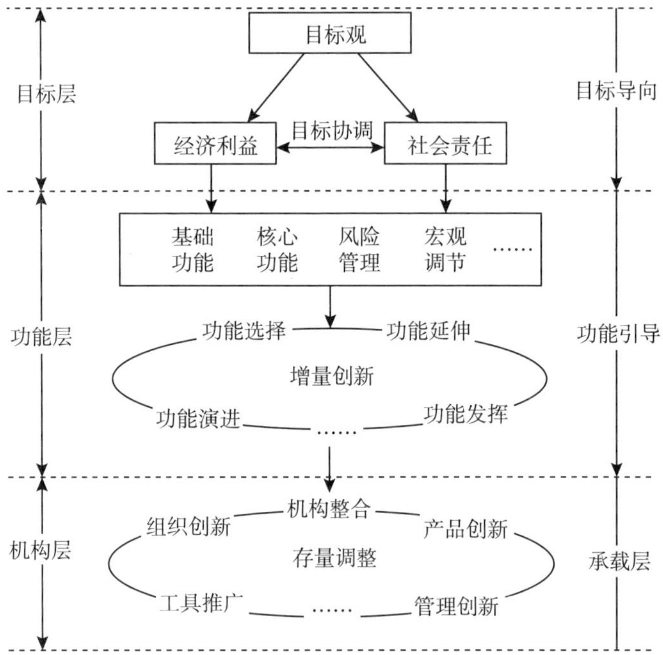

图 2-7 目标观视角下我国农村金融组织变革的发展构想

第二层：功能层。功能层是从目标到机构的传递，在改革过程中起承上启下的作用。该层依然重视金融功能相对金融机构的稳定性，用相对稳定的金融功能承接经济利益和社会责任的双重目标，其与目标层的衔接将更为稳固契合，更利于目标的向下执行。为适应市场需求和市场环境变化，金融功能并非毫无变化，而是处于不断发展变化之中，在不违背双重目标的情况下，通过增量创新，功能的选择、延伸、演进和发挥，最终引导中国农村金融组织机构的变革。

第三层：机构层。机构层位于整个目标观改革体系的最底部，是整个农村金融改革中目标与功能的承载层。金融机构直接接触农村金融需求主体，对农村金融需求主体的特性、需求都最为了解，因此，要想实现双重目标，充分发挥金融功能，必须依赖于金融机构职能的发挥。而金融目标与功能的实现程度又受制于金融机构的经营水平、经营效率和机构间的关系，所以目标观下的农村金融组织变革依旧不能抛弃存量调整，仍需致力于金融机构相互间的结构调整、金融机构本身的组织创新、金融产品的创新、金融机构内部管理的创新，以及金融工具的大力推广。

三、小结

综上，“机构观”以其“结构→功能→行为绩效”的变革思路，围绕金融机构进行强制性改变，完成了一定历史时期的历史使命，同时也因其后期特有的视角、方式、方向上的局限性而难以为继。功能观随之以“需求→功能→结构”的变革思路，着眼于金融功能指导变革，适应了多元化的市场需求，但去机构化、底层设计局限和改革成果复制困难的局限性逐步显现。在中国经济进入新常态的背景下，进一步提高中国农村金融的效率，应统筹协调“经济利益”和“社会责任”双重目标，以“目标观”指导其组织变革。

第三章　农村新型金融组织发展现状及国外经验借鉴

第一节　我国农村新型金融组织发展的现状

改革开放40年来，我国虽然实现了以中国农业银行、中国农业发展银行等正规金融机构为主导，以农村信用社（农村商业银行）为核心的农村金融体系，但由于农户自身经营能力有限、抗风险能力较弱以及资金安全无法有效保障等因素，许多农村金融机构限制其涉农信贷，信贷资金投放“脱农”“背农”情形非常突出，农户金融需求难以得到满足，农村经济发展受到严重制约。为了进一步释放农村经济发展新活力，2006年国家开始实施新一轮农村金融体制改革，在金融机构较少的农村地域引入资本，大力发展村镇银行、农村小额贷款公司和农村资金互助社。多年来，这些农村新型金融组织，特别是村镇银行，在各级政府的主导下，通过试点试行，再到全面铺开，已经得到了长足发展，为满足广大农户金融需求做出了巨大贡献，业已成为我国农村金融市场服务体系的重要组成部分。

一、村镇银行发展状况

2006年12月21日中国银监会发布《关于调整放宽农村地区银行业金融

机构准入政策 更好支持社会主义新农村建设的若干意见》（以下简称“2006年意见”），自2006年意见出台后，2007年初又出台了《村镇银行管理暂行规定》，就村镇银行的性质、法律地位、组织形式、设立方式、股东资格、组织机构、业务经营、审慎监督、市场退出等做了详细规定；同年5月，继续出台《关于加强村镇银行监管的意见》，对村镇银行实行严格监管。2007年底从原来的6省试点扩大到25省试点。

我国村镇银行的发展以华东地区为最佳，成立数量在所有地区中最多，西北地区最差，成立数量最少。2007~2016年，我国各地区村镇银行总行的发展情况如表3-1所示。

表3-1 村镇银行总行地区分布情况（2007年至2016年9月24日）

省份 \ 年份		2007	2008	2009	2010	2011	2012	2013	2014	2015	2016	合计
华东	上海	0	0	3	2	4	0	0	0	1	2	12
	江苏	0	4	6	15	17	12	12	0	3	2	71
	浙江	0	5	5	11	25	4	14	4	1	0	69
	安徽	0	2	2	13	15	6	12	7	4	1	62
	福建	0	2	0	2	2	4	21	7	3	2	43
	江西	1	1	1	9	7	6	4	4	10	13	56
	山东	0	2	0	8	23	22	21	5	23	15	119
	小计	**1**	**16**	**17**	**60**	**93**	**54**	**84**	**27**	**45**	**35**	**432**
华南	海南	0	0	0	5	3	1	0	4	4	0	17
	广东	0	2	0	9	14	6	1	12	2	3	49
	广西	0	2	2	6	16	6	4	0	0	0	36
	小计	**0**	**4**	**2**	**20**	**33**	**13**	**5**	**16**	**6**	**3**	**102**
华中	河南	0	2	5	8	22	10	10	4	10	4	75
	湖北	5	1	0	3	19	4	4	2	18	1	57
	湖南	0	3	2	4	5	15	0	0	2	3	34
	小计	**5**	**6**	**7**	**15**	**46**	**29**	**14**	**6**	**30**	**8**	**166**
华北	北京	0	2	1	4	1	1	1	0	1	0	11
	天津	0	1	1	2	1	1	2	4	0	0	12
	河北	0	1	0	6	14	2	21	9	6	2	61

续表

省份 \ 年份		2007	2008	2009	2010	2011	2012	2013	2014	2015	2016	合计
华北	山西	0	2	0	8	11	8	6	5	14	0	54
	内蒙古	1	3	3	19	22	8	6	2	1	6	71
	小计	**1**	**9**	**5**	**39**	**49**	**20**	**36**	**20**	**22**	**8**	**209**
东北	辽宁	0	6	11	25	13	4	0	1	2	0	62
	吉林	5	1	0	7	7	5	6	7	15	1	54
	黑龙江	0	3	1	5	9	4	0	0	0	0	22
	小计	**5**	**10**	**12**	**37**	**29**	**13**	**6**	**8**	**17**	**1**	**138**
西北	陕西	0	2	1	5	0	2	3	0	8	4	25
	宁夏	0	2	0	1	4	2	0	0	3	3	15
	甘肃	3	4	1	0	4	1	3	0	1	0	17
	青海	1	0	0	0	0	0	0	0	2	0	3
	新疆	0	1	1	1	4	0	11	0	3	3	24
	小计	4	9	3	7	12	5	17	0	17	10	84
西南	四川	2	9	1	11	10	3	8	2	3	0	49
	贵州	0	2	0	3	6	10	15	5	5	6	52
	云南	0	3	2	3	2	16	10	0	9	11	56
	重庆	0	1	5	6	7	5	6	0	3	1	34
	西藏	0	0	0	0	0	0	1	0	0	0	1
	小计	**2**	**15**	**8**	**23**	**25**	**34**	**40**	**7**	**20**	**18**	**192**
合计		**18**	**69**	**54**	**201**	**287**	**168**	**202**	**84**	**157**	**83**	**1323**

注：表中数据统计时间以银监会批准成立日期为准。

资料来源：根据中国银监会官网金融许可证导出信息整理，信息导出时间为 2016 年 9 月 24 日，所有数据仅为截至 2016 年 9 月 24 日网站上公布的信息。

2007 年 3 月全国第一家村镇银行——四川仪陇惠民村镇银行挂牌成立，2007 年 10 月第一家外资村镇银行开业。村镇银行已经成为我国农村新型金融组织的主要形式，也是农村新型金融组织中发展最为迅速最为稳健的组织。截至 2016 年 9 月 24 日，我国村镇银行共成立 4361 家。2007～2016 年，各年村镇银行总行成立数量如图 3-1 所示，自 2007 年开始，呈现出稳步增长的趋势。

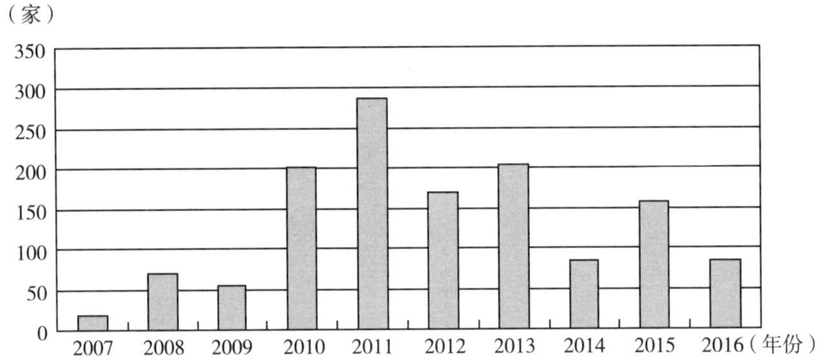

图 3-1　2007~2016 年村镇银行发展情况

注：图中数据统计时间以银监会批准成立日期为准。

资料来源：中国银监会官网金融许可证查询。

从村镇银行总行的发展情况来看，2007~2016 年全国各地区村镇银行数量折线图如图 3-2 所示。由图所知，华东、华南、华中、华北、西北五个地区的村镇银行总行发展以 2011 年为分界线，2011 年以前呈现明显递增趋势，2011 年以后则逐渐下降或波动下降，东北地区则以 2010 年为分界线，西南地区到 2013 年仍然处于递增状态，各地区村镇银行在 2015 年出现小幅度增长，

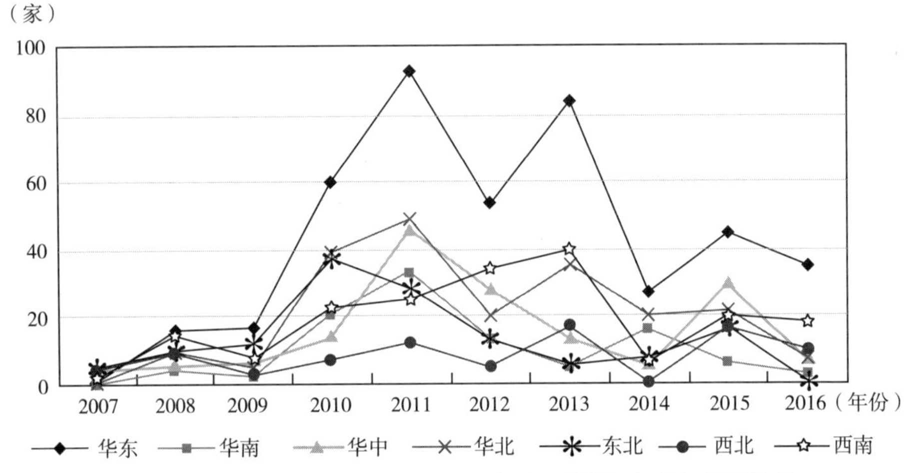

图 3-2　2007 年至 2016 年 9 月 24 日各地区村镇银行总行发展情况

注：根据表 3-1 中数据绘制，因 2014 年数据不全，分析时不予考虑。

2016 年数量下降。可见以后商业银行的资金注入发起新的村镇银行总行数量将继续减少，而在 2014 年之前村镇银行支行数量为 1400 余家，且增长速度较快，2014~2016 年村镇银行支行增长至 3000 余家，可见未来村镇银行的发展以支行或分理处的数量增长为主。

二、农村小额贷款公司发展状况

农村小额贷款公司的设立与村镇银行相似，但不允许外资介入，且“只贷不存”，相比村镇银行，我国农村小额贷款公司的限制相对更多，发展也较为缓慢。2008 年 5 月，我国开始允许自然人、企业法人等资本发起设立小额贷款公司试点之后，小额贷款公司相较贷款公司更能获得民间资本的青睐而更加活跃，同时政策上允许符合条件的小额贷款公司升级为村镇银行。这种政策上的便利使得近年来我国小额贷款公司的发展已远远盖过了农村新型金融组织，但是这种小额贷款公司更多地集中在广大城市地区，很少有规范的小额贷款公司设立在农村。作为三大农村新型金融组织之一的农村小额贷款公司则渐渐销声匿迹，截至 2016 年 9 月 24 日，全国得到银监会批准成立的农村小额贷款公司共 14 家，2012 年后未有批准成立的农村小额贷款公司（见图 3-3）。

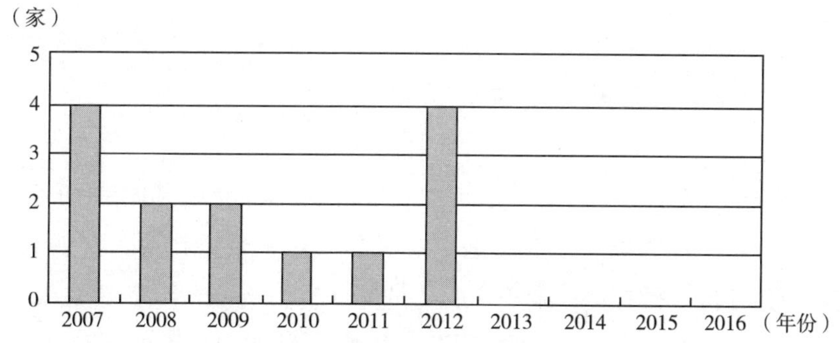

图 3-3　2007~2016 年农村小额贷款公司发展情况

注：图中数据统计时间以银监会批准成立日期为准。

资料来源：中国银监会官网金融许可证查询。

2007~2016 年，我国农村小额贷款公司发展无论从地域还是数量上都远远不及村镇银行，仅有的 14 家农村小额贷款公司分别分布在华东、华北、华中、东北和西南五个地区的 8 个省份或直辖市，华南地区和西北地区一家都没有。8 省中仅天津市有 5 家农村小额贷款公司，其余各省分别只有 1~2 家。具体地区的分布情况如表 3-2 所示。

表 3-2　2007~2016 年农村小额贷款公司地区分布情况

省份＼年份		2007	2008	2009	2010	2011	2012	2013	2014	2015	2016	合计
华东	浙江	0	0	0	1	0	0	0	0	0	0	1
华中	湖北	0	1	1	0	0	0	0	0	0	0	2
华北	天津	0	1	0	0	0	4	0	0	0	0	5
	内蒙古	1	0	0	0	0	0	0	0	0	0	1
东北	辽宁	0	0	1	0	0	0	0	0	0	0	1
	吉林	1	0	0	0	0	0	0	0	0	0	1
西南	四川	2	0	0	0	0	0	0	0	0	0	2
	重庆	0	0	0	0	1	0	0	0	0	0	1
合计		**4**	**2**	**2**	**1**	**1**	**4**	**0**	**0**	**0**	**0**	**14**

注：表中数据统计时间以银监会批准成立日期为准。

资料来源：中国银监会官网金融许可证查询。

三、农村资金互助社发展状况

农村资金互助社是发展最为坎坷的农村新型金融组织。相较前两者，资金互助社的“草根性”更为彻底，是由农民和农村小企业自愿入股发起设立，真正地做到社员自行管理，服务入股社员。自 2007 年开始，资金互助社一路发展疲软，每年的机构增量寥寥无几。作为农村新型金融组织中最为贴近“三农”的组织，出现的地理位置较为偏远，银监部门审核成本过大，再加上一些地区爆发的资金互助社非法集资事件，使得互助社存在的“合理合法性”受到质疑。2011 年银监会发文暂缓审批农村资金互助社，之后，农村资金互助社的发展则更加缓慢。截至 2016 年 9 月 24 日，我国共有农村资金互助社 49

家，如图 3-4 所示，仅 2010 年一年银监会批准成立的农村资金互助社就有 22 家，占总数的近一半，2011 年后每年成立的农村资金互助社数量迅速下降，2013~2016 年银监会未有批准成立的农村资金互助社。往后，农村资金互助社究竟何去何从，还有待考证。

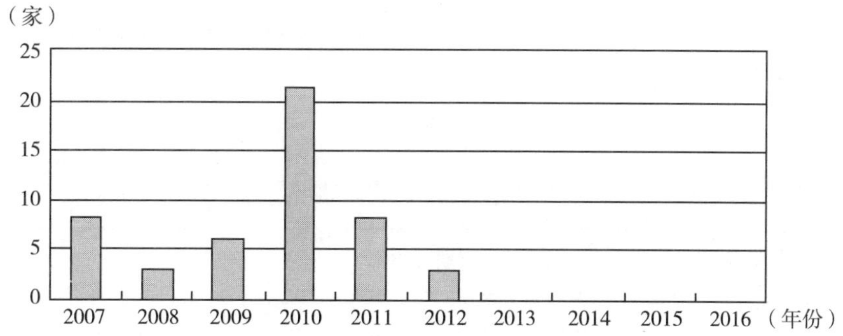

图 3-4　2007~2016 年农村资金互助社发展情况

注：图中数据统计时间以银监会批准成立日期为准。
资料来源：中国银监会官网金融许可证查询。

我国农村资金互助社的发展虽然已基本覆盖 7 个地区，但各个地区的数量依然远远少于村镇银行，且 49 家农村资金互助社分别分布在 15 个省或直辖市。具体地区的分布情况如表 3-3 所示。

表 3-3　2007~2016 年农村资金互助社地区分布情况

省份 \ 年份		2007	2008	2009	2010	2011	2012	2013	2014	2015	2016	合计
华东	浙江	0	0	1	4	3	0	0	0	0	0	8
	山东	0	2	0	1	0	0	0	0	0	0	3
华南	海南	0	0	0	3	0	0	0	0	0	0	3
	广西	0	0	3	0	0	0	0	0	0	0	3
华中	河南	0	0	1	1	1	0	0	0	0	0	3
华北	河北	0	1	0	0	0	0	0	0	0	0	1
	山西	0	0	0	2	2	2	0	0	0	0	6
	内蒙古	2	0	0	0	0	0	0	0	0	0	2

续表

省份	年份	2007	2008	2009	2010	2011	2012	2013	2014	2015	2016	合计
东北	吉林	1	0	0	3	0	0	0	0	0	0	4
	黑龙江	0	0	1	3	1	1	0	0	0	0	6
西北	甘肃	2	0	0	2	0	0	0	0	0	0	4
	青海	2	0	0	0	0	0	0	0	0	0	2
	新疆	0	0	0	0	1	0	0	0	0	0	1
西南	四川	1	0	0	0	0	0	0	0	0	0	1
	重庆	0	0	0	2	0	0	0	0	0	0	2
合计		**8**	**3**	**6**	**21**	**8**	**3**	**0**	**0**	**0**	**0**	**49**

注：表中数据统计时间以银监会批准成立日期为准。

资料来源：中国银监会官网金融许可证查询。

第二节　各类农村新型金融组织发展的 SWOT 分析

一、村镇银行发展的 SWOT 分析

1. 村镇银行的优势

（1）体制机制优势。

“体制”，一般是指有关组织形式的机构设置、隶属关系和权利划分等方面的具体体系和组织制度的总称。在体制上，相比传统农村商业性金融机构，村镇银行具有以下优势：一是设立之初就建立起规范化的现代企业制度，使村镇银行拥有了高水平制度设计和运营流程，不存在制度历史演进的路径依赖；二是扁平化的管理与组织制度设计，有利于理顺村镇银行的决策结构和程序，能够加快跟上农村金融市场变化的步伐和降低管理运行成本；三是大股东身份的强行植入制度，有利于村镇银行在短期内形成优质型、互补型和多样型股权

结构，从而能够使村镇银行在尽可能短的时间内拥有货币经营经验和风险防范能力；四是较低的市场准入制度、宽松的发行条件以及其他倾斜性政策，给村镇银行网点的快速扩张提供了良好的制度土壤，在整个农村金融市场中，有利于村镇银行实现后发优势，形成市场竞争力。

“机制”，一般是指协调有关组织形式的各具体部分之间关系，以更好地发挥作用的具体运行方式。在机制上，相比传统农村商业性金融机构，村镇银行具有以下优势：一是在法人治理结构相对完善的背景下，村镇银行的审贷决策机制和产品开发机制相对灵活；二是在市场定位准确的情况下，村镇银行拥有相对灵活的组织运行机制和相对有效的激励机制。

（2）自身特征优势。

从村镇银行拥有的自身不同特征因素看，相比传统农村商业性金融机构，具有如下优势：一是设立之地在村镇，更贴近农村，容易形成便于业务开展的地域优势。长期以来，在传统商业性金融机构网点的收缩和撤并形式下，传统的农村信用合作机构独木难支，农村市场出现了少有的“金融真空”地带，村镇银行将营业网点布局在广阔的村镇上，能够迅速使村镇银行填补农村金融空白地域，充分发挥其地理优势。二是受聘之人在本土，更接近农民，有利于形成工作开展的亲情优势。在传统文化的影响下，中国农村仍然保持着较为浓厚的“熟人”社会特征，村镇银行利用其工作员工与客户对象之间的“熟人”关系，容易拉近金融机构与客户之间的距离，顺利完成工作任务。三是服务之民在草根，更亲近农业，有利于形成对弱势产业融资支持的业界优势。村镇银行将服务对象定位于农村的广大农户，特别是贫困农户，他们以传统农业生产经营为主，融资能力较弱，但是又有强烈的融资需求，能够形成农村金融市场的差异化竞争格局，有利于村镇银行专注弱势产业金融产品的开发和营销，形成自身优势。

2. 村镇银行的劣势

（1）客户信任劣势。

由于村镇银行设立的时间还很短、宣传力度也很不够，广大农户对新设村镇银行的业务范围、产品结构、业务流程以及产权性质都感到非常陌生，同时，他们普遍认为村镇银行的规模小、知名度不高，到该机构进行存贷款业务缺乏应有的安全感。虽然近几年来，在国家有关政府部门的大力推动下，村镇银行的数量扩张取得了长足发展，但是，广大农户们仍然比较青睐诸如农村信用社等传统农村商业金融机构，村镇银行在短期内还难以获得农村客户的充分信任。

（2）业务创新劣势。

由于受基础设施平台和业务平台的限制，村镇银行还未能直接加入中国人民银行的支付结算体系，其支付结算业务必须依赖于主发起行或借助于其他金融机构进行代理，这样不仅提高了村镇银行的支付结算业务成本，而且严重影响了其结算业务的时效性和安全性，更是阻碍了村镇银行的业务创新意愿和动力，致使其业务产品结构单一，局限于以抵押和担保为主的流动性贷款，难以满足农村客户的多样化资金需求。另外，村镇银行目前在县域经济体中的布局绝大部分仍然停留在县城，还没有形成较为完善的村镇网点群落结构，在这种基层一线业务网点布局严重缺乏的情况下，即使村镇银行从主观上来说有进行业务创新的愿望，也难以在实践中推动其经营业务的深入创新。

（3）人才集聚劣势。

良好的工作环境和优厚的薪酬水平已成为金融业的代名词，也成为众多大学毕业生梦寐以求的职业选择，显然，商业银行已是高层次人才会聚的地方之一。但是，相比传统商业性金融机构，村镇银行的地域定位就是扎根在乡镇，服务于农村与农民，其工作环境自然就会比较艰苦，薪酬水平也会低一些，因此，在村镇银行工作的职员就必须树立以农村为家、以农民为服务对象的工作理念，必须树立起吃苦耐劳、敢于拼搏的工作精神，只有这样的职员才能够长期地忠诚于村镇银行，不然就会另谋高就。由此可见，相比其他传统商业性银行，村镇银行在区位上先天不足不利于吸纳不同层次的经营管理人才，人才流失严重，难以形成人才集聚效应。

（4）风险管控劣势。

“服务‘三农’”本身就是设立村镇银行的初衷，这也就决定了其面临的经营风险多、管控难度大。首先，农业对自然条件的依赖性决定了农业经营的脆弱性，加之农业保险的缺失，使村镇银行的信贷业务面临着不确定性的自然风险。其次，村镇银行单一的业务品种容易形成风险集聚和放大效应。再次，农民普遍认为既然村镇银行是政府大力推动的，那么其贷款资金就带有一定的“公益性质”。最后，农民的财产抵押能力普遍较低，还贷能力较弱。总之，面对业务单一性的聚集风险、农业经营的脆弱性风险和贫困农户的还贷能力风险等，年轻的村镇银行显然还不具备全面管控的能力。

3. 村镇银行的机遇

（1）政策倾斜机遇。

从宏观金融政策来看，连续 15 年中央一号文件都提出要建立和发展多层次的农村金融市场体系，增加农村金融供给，逐步形成能够满足农村居民多元化融资需求的农村金融支撑体系。自 2006 年国家倡导和推动大力发展农村新型金融组织以来，中央和地方政府以及金融机构管理部门都从政策上给予倾斜和支持。在准入门槛和管理制度上，2006 年 12 月 20 日，中国银监会颁布了《关于调整放宽农村地区银行业金融机构准入政策，更好支持社会主义新农村建设的若干意见》，该制度从放开准入资本范围、调低注册资本、取消运营资金限制、调整投资人资格、放宽境内投资人持股比例和放宽业务准入条件、范围等方面积极支持和引导境内外银行资本、产业资本和民间资本到农村地区投资、收购、新设村镇银行、农村资金互助社和农村小额贷款公司等新型农村金融机构；随后，2007 年 1 月 22 日，银监会颁布了《村镇银行管理暂行规定》，明确了村镇银行“服务‘三农’”的宗旨，以及相应的权利、责任和义务；2009 年 6 月，银监会颁布了《小额贷款公司改制设立村镇银行暂行规定》，规定指出小额贷款公司根据自身实际需要可以改制为村镇银行，有利于农村金融市场风险的防范；中国银监会在 2014 年 12 月颁布的《关于进一步促进村镇银行健康发展的指导意见》中指出，要在积极稳妥培育发展村镇银行、加大民间资本的引进力度、积极推进村镇银行本土化战略等方面给予政策倾斜；从银监会办公厅颁发的关于做好 2015 年和 2016 年农村金融服务工作的两个通知中可以看出，国家对提升村镇银行的批量化组建、集约化经营和专业化服务水平较为重视，允许设立村镇银行管理服务子公司。在监管制度上，积极探索建立一套行之有效的差异化农村金融监管模式和机制，比如根据国内外经济发展形势，我国有时在一年内会多次提高商业银行的存款准备金率，但是对村镇银行等中小农村金融机构会采用暂停调整的政策安排，这充分说明国家着力发展农村新型金融组织的决心。在财税政策上，从2008年起，中央财政对符合条件的村镇银行按其贷款平均余额的2%发放补贴，用以提升村镇银行的贷款能力；从2011年12月31日起，对村镇银行征收的营业税从5%下降为3%，营业税率下降了40%，进一步提升了村镇银行抵抗风险的能力。另外，随着我国经济步入后工业化新阶段，国家适时地提出了“工业反哺农业，城市支持农村”的发展战略，必定会为推动村镇银行健康发展提供相应的政策支持和制度保障。

（2）供需失衡机遇。

长期以来，农村存在较为严重的金融需求和供给之间的失衡。一方面，随着我国农村经济的不断发展、社会主义新农村建设工程和乡村振兴战略的大力推进，特别是家庭农场、专业大户、农民专业合作社和农业产业化龙头企业等农村新型经营主体的不断涌现，各类农村经营主体对金融资金的需求日益增大，“三农”贷款需求呈现出多元化、差异化和增量化态势。另一方面，在资金逐利动机的引导下，传统商业性金融机构不断收缩农村经营网络和涉农业务，商业性金融机构在农村地区的覆盖率很低，金融服务也不充分，农村金融已成为我国金融业发展的致命“短板”。当前农村金融服务的主力军仍然是农村信用社、农村商业银行和农村邮储银行，但是它们的资金实力有限，可贷资金不足，很难满足社会主义新农村建设的金融需求。另外，在正规金融机构难以满足各种类型农村经营主体的资金需求时，农村的民间借贷行为也相对活跃，为农村经济发展起到了一定的资金补充作用，但是民间金融存在的先天性经营制度缺陷和难以监管的金融风险，必然使民间金融组织不可能成为满足农村金融需求的主渠道。调查资料显示，农村经营主体的总体贷款意愿的满足率只有40%左右，因此，目前我国农村各类经营主体的巨大融资需求不能得到有效的满足，农村金融市场的供需矛盾十分突出，资金短缺是长期困扰农村居民和涉农小微企业持续发展的关键因素之一。在此背景下，大力发展以村镇银行为核心的农村新型金融组织，必然会进一步健全农村金融市场体系，在一定程度上，缓解农村金融供给和信贷需求之间的失衡矛盾。换个角度来看，农村金融市场上的供需失衡也为村镇银行等农村新型金融组织提供了广阔的市场发展空间和机会。

4. 村镇银行的挑战

（1）双重目标挑战。

在村镇银行成立之初，它就肩负着追求自身经济利益最大化和实现农村普惠金融的双重目标。一方面村镇银行具备“产权清晰、权责明确、政企分开和管理科学”的现代企业制度，是“自主经营、自负盈亏、自担风险和自我约束”的独立企业法人，其各出资人必然以实现利润最大化作为自身可持续发展的追求目标；另一方面服务“三农”和支持新农村建设是村镇银行的根本宗旨，但是面对农民——弱势群体、农业——弱势产业、农村——弱势经济，在农业保险缺失的情景下，村镇银行信贷业务的拓展必然面临着更高的风险和更低的利润空间，此时，村镇银行往往难以继续履行其服务“三农”的承诺，信贷资金供给和经营业务的“脱农”和“背农”现象又会在村镇银行中重现，广大农户特别是贫困农户和农村小微企业的融资需求又将难以得到有效满足。因此，如何协调好“经济利益”和“社会责任”双重目标是村镇银行实现可持续发展面临的重要挑战，探寻双重目标之间的平衡点是村镇银行自身以及政府主管部门的共同责任。

（2）市场竞争挑战。

多年来，国家高度重视农村金融体系建设，2016 年中央一号文件提出要“加快构建多层次、广覆盖、可持续的农村金融服务体系，发展农村普惠金融，降低融资成本，全面激活农村金融服务链条”。中央明确要求深化传统商业性金融机构的“三农”金融事业部改革，鼓励国有和股份制金融机构拓展“三农”业务，稳步提高农村信用社（农村商业银行）的治理水平和服务能力，强化农业政策性银行中长期“三农”信贷投放能力，强力支持邮储银行成立专业化的“三农”金融事业部。这些充分表明，农村金融机构之间的多元化竞争格局业已形成，市场竞争日益激烈。相对于村镇银行来说，传统国有商业银行在农村具有品牌和信誉优势，农村信用社（农村商业银行）长期以来扎根在农村，是农村金融市场服务的主力军。它们资本实力雄厚、金融网点庞大、配套设施齐全，这些条件既有利于传统国有商业银行重返农村金融市场，也便于农村信用社（农村商业银行）全方位深度拓展农村金融市场业务。村镇银行作为涉足农村不久的新型农村金融机构，在经营业务、自身管理等各个方面都还有诸多不足，面对这些同业金融机构的激烈竞争，自身的可持续发展必然面临着十分严峻的挑战。

（3）基础保障挑战。

任何组织机构的持续发展和扩张都离不开优越的外部环境和基础条件的保障。村镇银行作为一种农村新型金融组织，在发展中面临着基础条件保障严重不足的挑战。首先，村镇银行开展业务经营的配套措施不齐全，比如大部分村镇银行没有采用直联方式加入人民银行的支付结算系统，还不能进行同地区票据交换，还没有建立起完善的客户信息系统，还未建立起存款保险制度等，这些不仅会增加村镇银行的经营成本，也会给客户带来诸多不便和时间上的损失。其次，在业务运行上，村镇银行也深受限制，其资金拆借范围局限于当地农村金融市场，还不能在全国范围内进行拆借融资，这必然会约束和削弱村镇银行的信贷经营能力。最后，村镇网点建设匮乏和不足，严重制约了村镇银行业务的扩张，使其难以与传统农村金融组织展开全方位竞争。总之，基础服务保障体系的不到位，不仅导致村镇银行的营销成本和业务处理成本很高，而且使其在农村金融市场体系竞争中面临着更大的挑战。

二、农村小额贷款公司的 SWOT 分析

1. 农村小额贷款公司的优势

（1）机制灵活优势。

相比传统商业性金融机构，农村小额贷款公司具有资产规模小、业务人员少、组织架构简单等特点，这些特点使小额贷款公司能够针对农村金融市场需求做出迅速反应，及时采取灵活多变的方式满足市场和客户的资金需求，并有效解决金融业务中面临的新情况，从而避免出现传统商业性金融机构因规模庞大、机构臃肿难以对市场做出及时反应的弊端。具体来说，一是通过简化贷款程序、缩短审批时间，有效解决小微企业和农户“短、频、快”的资金需求；二是通过人性化的贷款还款方式设计理念，创新贷款品种，实施“随借随还，循环利用”模式，降低小微企业和农户的集中还款压力；三是通过实施灵活多样的担保形式，简化抵押物品的评估方式和手续，提高小微企业和农户的融

资能力；四是通过灵活的利率定价方式，开拓农村金融市场需求。总之，农村小额贷款公司只有充分发挥其灵活的经营机制优势，才能在多元化的农村金融市场竞争中实现可持续发展。

（2）柔性资源优势。

农村小额贷款公司的柔性资源优势主要包括客户信息对称优势、客户关系融洽优势和独特品牌优势三个方面。具体表现为：一是传统商业性金融机构主要是通过获取客户的财务报告、资产保证等方式评价客户的信贷资信，做出贷款与否的决策，然而，农村小额贷款公司主要是通过长期的小额信贷实践来掌握小微企业或农户的资信水平，通过软信息来判断客户的经营前景和偿债能力，这样更有利于拉近农村小额贷款公司和客户之间的信任关系，维护客户资源。二是农村小额贷款公司与小微企业都属于中小企业范畴，共同的角色定位使双方更容易换位思考彼此的业务发展需求，更容易理解各自面临的困难和问题，从而更容易拉近双方的距离，形成长期的合作信任关系。三是由于农村小额贷款公司长期专注于小额贷款业务，其对小额信贷业务的理解和运作比其他农村金融机构更深入、更体贴、更全面，因此，在小微企业和农户中更容易获取独特的品牌优势。

2. 农村小额贷款公司的劣势

（1）资金来源劣势。

受相关法规制度的约束，农村小额贷款公司的资金来源只能是各股东的自有资金、社会各界的捐赠资金以及从其他银行融入的资金，并且限定了向银行融入资金的最大金额不得超过其资本净额的 50%，不得向社会公众吸纳存款。这些制度约束：一是明确地限制了农村小额贷款公司的资金来源途径，严重阻碍了农村小额贷款公司针对自身业务发展的需要开辟新的资金来源渠道；二是在弱化农村小额贷款公司自身融资能力的基础上，严重束缚了农村小额贷款公司拓展新型经营业务，使其公司资产规模难以快速扩张发展；三是使农村小额贷款公司时常处于流动资金不足的境地，严重弱化农村小额贷款公司的可持续发展能力。

（2）定位监管劣势。

在性质定位上，按照我国相关法律制度的规定，将农村小额贷款公司定性为一般工商企业而非金融机构，但是农村小额贷款公司又是从事货币业务经营的特殊性企业，应当纳入金融机构管理范畴。农村小额贷款公司面临的这种性质错位，一方面使其无法享受像农村信用合作社、村镇银行及其他商业性金融机构在融资和运营过程中的税收优惠待遇、相关财政补贴；另一方面使其无法通过同业拆借行为满足扩大经营业务的需要。在监管模式上，农村小额贷款公司因为性质定位错位，面临着严重的多头管理，目前的体制是由政府金融办、人民银行、银监局和工商局等机构共同监管。根据 2008 年银监会颁发的《关于小额贷款公司试点的指导意见》，由省金融办全权管理小额贷款公司的审批权和监管权，但是小额贷款公司是否存在非法集资行为，则由银监局和公安局相关部门负责，对于利率和资金流向管理则由人民银行负责监管，这种多头监管模式往往会造成监管真空和不到位。总之，由于农村小额贷款公司存在性质定位不清和业务监管不力劣势，进一步阻碍了农村小额贷款公司的可持续发展。

（3）业务结构劣势。

为了进一步规范农村小额贷款公司的贷款行为，降低贷款风险，促进其更好地满足“三农”融资需求，政府监管部门对小额贷款公司的贷款行为提出了“三个 70%”的具体要求，即面向“三农”的贷款占比不得低于 70%；小额贷款（额度低于 500 万元）占比不得低于 70%；三个月以上的贷款占比不得低于 70%。据调查，目前小额贷款公司的贷款主要集中在农业的种养殖业、家庭生活性支出、6 个月以下贷款等。具体来说，一是在国家政策的约束下，农村小额贷款公司的贷款额度偏小，难以支持小微企业和农户在绿色农产品深加工、现代高效农业等方面的大额资金需求，贷款结构单一；二是农村小额贷款公司就是为了满足广大农村小微企业和农户资金需求而成立的专门放贷机构，但是目前许多的农村小额贷款公司都缺少专业化的审贷人员，专业化人才的缺乏使其难以从专业的视角认识问题、发现问题，也就无从有效开展产品业务的创新、丰富贷款产品结构。

3. 农村小额贷款公司的机遇

（1）外部环境机遇。

农村小额贷款公司作为一个经营主体，时刻受到其所处政策制度、宏微观环境的深刻影响。自四川广元小额贷款公司试点以来，截至2015年末，全国小额贷款公司已达8910家，从业人员11.73万人，实收资本8459.29亿元，贷款余额9411.51亿元，小额贷款公司的快速发展得益于良好的外部环境支撑。具体来说，一是国家政策制度的支持和引导，主要表现在：2008年银监会颁发的《关于小额贷款公司试点的指导意见》明确了自然人、企业法人和其他社会组织都可以投资设立小额贷款公司，经营小额贷款业务，就是试图将多年来现实中广泛存在的民间借贷市场纳入合法、规范的轨道，使民间金融合法化，这些现实民间金融需求为小额贷款公司提供广阔的发展空间；2009年银监会发布的《小额贷款公司改制设立村镇银行暂行规定》明确了小额贷款公司改制为村镇银行的准入条件、程序和监理要求等，为小额贷款公司的规模扩张和可持续发展提供新的思路和方向。二是宏微观环境为小额贷款公司提供了新的发展契机，主要是：十多年来，中央一号文件都聚焦于“三农”问题，充分说明中央对解决“三农”问题的重视，必然会加大对农村经济发展的投入力度，促进社会主义新农村的建设，农村小额贷款公司正是以服务“三农”为使命，必将为其提供许多发展良机；在经济利益的驱动下，传统商业性金融机构纷纷将其分支机构撤离农村，农村小微企业和农户的金融需求难以得到满足，农村金融“真空”为农村小额贷款公司提供了广阔的发展空间。

（2）市场前景机遇。

在现有体制和交易规制环境下，正规的农户信贷市场面临着严重的“市场失灵”：一方面单一的财政性资金支持难以实现社会主义新农村建设的美好愿景；另一方面农村小微企业和农户的金融需求被严重抑制，现有的金融机构难以满足其融资需求。促进农村经济发展的巨大资金缺口为农村小额贷款公司发展提供了广大的市场机会，农村小额贷款公司只要充分利用其经营机制灵活的特点，就能在与其他农村新型金融组织竞争中获得更多的发展机遇。一是微型信贷是在互联网背景下最近几年逐步兴起的一项金融变革，正好与小微企业和农户的资金需求特点有着很强的契合性，农村小额贷款公司正是适应这种供需关系而产生的有效载体，因此，具有广阔的市场前景。二是随着小微金融理念在农村地区的不断普及，广大小微企业和农户的资金需求会进一步得以释放，从而扩大小额贷款公司的目标市场容量。总之，随着我国农村经济的快速发展，农村小额贷款公司面临着广阔的市场前景和发展机遇。

4. 农村小额贷款公司的挑战

（1）多元竞争挑战。

随着农村经济的不断发展，新农村建设呈现出一片欣欣向荣的景象，农村金融需求不断深化。为了解决农村资金供需失衡的深层次矛盾，近几年来，国家出台了一系列相关政策支持农村地区构建起适应农村经济发展需要的多元化金融市场体系建设，比如引导传统国有商业银行设立专门的“三农”资金服务部门，积极向农村各类经营主体提供资金支持；大力发展村镇银行、农村资金互助社等其他农村新型金融组织，向实现农村普惠金融目标而努力；积极鼓励中国邮政储蓄银行经营农村贷款业务；农村信用合作社在基本完成产权股份制改革后，其服务“三农”的根本宗旨不仅不会改变，反而还会进一步加强，拓宽发展空间后的农村商业银行更有利于其发挥服务“三农”的优势。与这些农村金融主力军相比，农村小额贷款公司无论在品牌建设、客户资源、资本实力，还是在营业网点、人才资源、内部治理和营业成本等方面都不存在任何优势。在多元化农村金融市场格局中，农村小额贷款公司必然要时刻面对其他金融机构的激烈竞争。农村小额贷款公司也只有在激烈的市场竞争中不断提升自身实力，才能立足于农村金融市场之林。

（2）风险监管挑战。

金融业经营产品的特殊性决定了其高风险性，如何降低监管风险是小额贷款公司面临的重要挑战。一是多头管理导致有效监管主体缺失。根据《关于小额贷款公司试点的指导意见》，金融办负责小额贷款公司的全面监管，工商、银监会、人民银行在相应的职责范围内履行业务指导和监管职能，一方面由于金融办的工作人员少、职责多，难以履行全面监管职责，另一方面多部门的共同监管往往容易出现政出多门，使农村小额贷款公司无所适从或者难以形成监管合力。二是征信缺位难以防范风险到位。农村小额贷款公司的客户往往都是传统商业性银行不愿放贷的对象，并且以信用贷款居多，在征信体系缺位的情况下，农村小额贷款公司难以规避放贷产生的风险，风险管控难度也相应地增加。三是专业监管人员缺乏，监管能力不足。农村小额贷款公司的规模较小，其工作人员也不多，为了节约经营成本，在实际中，普遍存在一人多岗的现象，因此，难以进行有效的风险监控。四是农村小额贷款公司更多的是注意事后风险的防范，而忽视预防性的风险监管。总之，农村小额贷款公司在其持续发展的道路上充满着各种风险管控的挑战。

三、农村资金互助社的 SWOT 分析

1. 农村资金互助社的优势

（1）信息信任优势。

相比传统商业银行来说，农村资金互助社内生于农村自然村镇，其成员一般是来自同一村镇的农户，他们要么是同根同族，要么是邻里乡亲，喝一方水，讲一方话，大家生活在一个较为稳定的熟人社会中，对于各自的融资需求、偿债能力以及契约执行性格等信息都知根知底，他们相互之间能够做到信息共享和充分信任。在熟人社会声誉机制的约束下，农村资金互助社就能够有效利用成员之间的信息沟通优势和彼此信任机制在其经营业务中规避农户的道德风险和逆向选择行为，大幅度降低农村资金互助社的贷款呆账和坏账，提高其资金使用效率和效益，达到全力满足农户资金需求的目的。

（2）互助合作优势。

相比传统商业银行来说，互助性和合作性是农村资金互助社的两个基本特征。其中，互助性表明农村资金互助社不能以利润最大化作为其业务经营的目标，主要是追求互助组织内部成员共同利益的实现，尽可能地为全体社员提供全方位的金融服务；合作性表明农村资金互助社成员之间在合作共赢的经营理念中追求共同发展，满足不同农户之间的金融需求，真正实现农村“草根”人群的资金融通与合作。从某种意义上来说，“互助性”和“合作性”既是农村资金互助社的两个基本特征，也是它的功能和目标的具体体现。只有紧紧把握“互助性”和“合作性”优势，农村资金互助社在农村金融市场中才有广

阔的生存发展空间。

2. 农村资金互助社的劣势

（1）规模扩张劣势。

农村资金互助社是农村社会经济中的农户或企业，为改善自身的经济条件，按照“自愿入股、民主管理、平等互利”的原则成立，主要为入股社员提供资金融通服务的合作金融组织。由于受农户社员自身收入水平的限制，农村资金互助社的内部存款规模较小，加之其他融资渠道不畅和国家财政支持的缺失，导致农村资金互助社的资金来源受限、资金实力不足，难以快速扩张其经营规模。正如我国首家农村资金互助社——吉林梨树县闫家村百信农民资金互助社理事长姜志国所说：“资金互助社从成立之日起就一直深受资金不足的困扰。”这充分说明在现有的体制机制和外部条件约束下，单一农村资金互助社难以取得实质性突破，也难以最大限度地发挥其服务“三农”的目标定位。

（2）管理能力劣势。

按照《农村资金互助社管理暂行规定》的要求，由社员大会或者社员代表大会依据章程规定选举产生资金互助社的理事、监事等经营管理者，由此可见，农村资金互助社的经营管理者是从社员内部产生的，而这些社员都是地地道道的农民，一方面他们的学历层次较低，一般只有初中或高中文化，没有接受过系统的高等教育，知识水平和文化素养较低；另一方面他们也没有接受过正规的金融业务经营管理的学习和培训，或者缺乏金融业务经营管理的实践经验和现代管理理念。相比传统商业性金融机构来说，农村资金互助社经营管理层自身存在的管理能力不足进一步制约了其可持续发展的空间，也进一步约束了其参与新农村建设和农村金融服务市场竞争的能力。

（3）组织体系劣势。

现代组织理论认为随着业务需求的扩张和市场竞争环境的变化，组织体系也应随之进行创新与变化。面对农村金融需求和供给之间严重失衡状态，作为多层次农村金融市场体系建设的有机组成部分，农村资金互助社应运而生，但是随着农村融资需求的不断增长和市场竞争格局的不断深化，农村资金互助社目前孤立的组织体系已难以适应农村金融市场发展的需要，其主要缘由是受

《农村资金互助社管理暂行规定》的制约，该规定明确要求农村资金互助社不得设立分支机构，而对农村资金互助社如何成立联合社服务体制则没有给予相应的制度指导和支持，这样农村资金互助社从制度层面缺少上联下延的保障机制，使农村资金互助社在实践发展中容易陷入孤立无援的境地，与其他金融机构相比，农村资金互助社缺乏系统组织体系的支撑。

3. 农村资金互助社的机遇

（1）政策支持机遇。

为破解农村金融有效供给不足的难题，推动农村新型合作金融组织的发展，自2006年以来，中央政府及其相关职能部门先后出台了一系列支持包括农村资金互助社在内的农村新型合作金融机构的发展。如2007年1月中国银监会颁布了《农村资金互助社管理暂行规定》，该规定将农村资金互助社的准入门槛设立得较低，设立在乡镇的其注册资本不低于人民币30万元、设立在行政村的其注册资本不低于人民币10万元，农村资金互助社的注册资金远低于其他金融机构的最低要求；近年来，中央一号文件都高度重视农村新型合作金融组织的发展，如2014年中央旗帜鲜明地提出“大力发展新型农村合作金融组织”的政策主张，2015年进一步强调“积极探索新型农村合作金融发展的有效途径，稳妥开展农民合作社内部资金互助试点，落实地方政府监管责任”。随后各地政府相继出台支持农村新型合作金融组织发展的政策，如江苏（2015）颁发了《关于加强农民资金互助社规范管理的指导意见》、山东（2014）出台了《关于引导规范农民合作社信用合作的通知》等。由此可见，从中央到地方都一致围绕着如何促进农村资金互助社持续发展制定相应的政策支持，为农村资金互助社共同营造良好的政策环境。

（2）市场需求机遇。

改革开放40年来，我国农村经济取得了长足发展，家庭农场、专业大户、农民专业合作社和农业产业化龙头企业等新型农业经营主体日益多样化，这些主体的生产经营方式发生了重大变化，它们已由原来的单一种养殖业逐步向产业深加工链条转变，从原来主要对土地和劳动的依赖逐步转向以资金为主的发展思路，资金市场需求呈现出差异化和灵活化的特征。随着农村经济的资本化程度的提高，农村资金的稀缺度也进一步凸显出来，特别是传统商业性金融机构逐渐退出农村市场，更是使农村金融的“资金池”雪上加霜，现有的农村金融体系框架已难以满足农村各类农业经营主体的融资需求，市场呼吁像农村资金互助社这样的农村新型合作金融组织参与农村金融市场服务体系，充分利用其在农村市场中的内生性优势，切实满足各类农业经营主体的资金需求。

4. 农村资金互助社的挑战

（1）全面监管挑战。

实施全面监管是保障金融业可持续发展的必要前提，对农村金融来说显得尤为重要。相对传统的商业性银行和农村信用合作社，农村资金互助社是农村新型金融组织的有机组成部分，由于其设立的时间短和自身的特殊性，在全面监管上面临更大的困难和挑战。一是全面监管的实施缺乏法律层面的权威依据。从国际经验来看，一般是先有合作金融组织法，后设合作金融组织，如德国的《合作银行法》、日本的《农业协同组合法》等，并且这些合作金融法律随着信用合作事业的实践发展而不断完善，从而为合作金融组织有序运行提供了坚实的法律保障，为监管机构提供了适度监管的法律准绳，但是我国目前还未出台专门的合作金融法，政府部门对农村资金互助社的监管还只能依赖于相关规定和决议，这必然会影响监管的权威性和执行力。二是全面监管的实施缺少主体层面的有机配合。这里的主体包括履行监管责任的机构和被监管的对象，就监管机构来说，由于农村资金互助社规模小、区位偏远，给监管行为带来极大的不便，因此，监管主动性往往不足，容易产生懈怠思想；就农村资金互助社来说，自认为业务规模小、频率高、信任度强，全面监管会约束自身业务发展，因此，它们对监管机构的全面监管存在一定程度的抵触情绪。由此可见，全面监管是农村资金互助社面临的重要挑战。

（2）普遍认知挑战。

普遍认知一般是指社会对某一事物或某一机构的大致看法，既可能来源于过去历史的经验和教训的总结，也可能来源于人们对现实事物的感知而形成的共同认知。对于农村资金互助社来说，社会各界都存在普遍认知的偏差和挑战。一是由于受原农村基金会事件的影响，各地方政府和部门都对农村资金互助社的发展抱有很强的观望和谨慎态度，普遍认为农村资金互助社就是原农村基金会的翻版，致使各利益主体忽视了农村资金互助社与原农村基金会在组织目标定位和功能上的显著差异性，从而阻碍了农村资金互助社的可持续发展。二是广大农户普遍认为农村资金互助社不是正规性的金融机构，规模小、业务单一，难以发挥其融资功能，从而难以满足广大农户的融资需求，因此，他们参与农村资金互助社的意愿也就并不强烈。三是农村资金互助社普遍认为自身的实力较弱，外部环境条件缺乏独特优势，难以与其他商业性金融机构开展全面竞争。这些相关主体在普遍认知上的偏差，给推动农村资金互助社的有序发展带来了严峻挑战。

（3）同行竞争挑战。

随着农村经济的快速发展，各类现代农业经营主体的金融需求越发强烈，农村金融的供需失衡矛盾也越发扩大，在此背景下，近几年来，国家在不同层面政策上鼓励加快构建多层次、广覆盖、可持续的农村金融体系服务体系，发展农村普惠金融，全面激活农村金融服务链条。一是鼓励传统国有商业银行返乡拓展“三农”业务，深化“三农”事业部改革；二是以产权制度改革为抓手，继续推进农村信用合作社的综合改革，提升其内部治理和综合服务能力，继续发挥其服务“三农”的传统优势；三是强化中国农业发展银行的政策性职能，创新其服务“三农”模式；四是积极支持中国邮政储蓄银行建立“三农”金融事业部；五是大力发展村镇银行等农村新型金融组织，探索农村金融综合改革试验。由此可见，一个多元化、层次性的农村金融服务市场正在逐步形成，农村资金互助社在业务渠道、产品创新和服务对象上都面临着与其他农村金融机构展开激烈竞争。

四、小结

本节用 SWOT 方法分析了村镇银行、农村资金互助社和农村小额贷款公司三种农村新型金融组织各自的优势、劣势、机遇和挑战，从上述分析可知，这三种农村新型金融组织既存在共同的优势和劣势，也面临着同样的机遇和挑战，但是，由于自身的独特性，在四个维度上又有各自的差异性，因此，必须分别予以阐释，才能准确把握。

第三节　国外农村金融组织发展的经验借鉴：基于“目标观”的视角

为了能更好地促进我国农村经济可持续发展，加快社会主义新农村建设，建立和完善农村新型金融组织已刻不容缓，日益成为我国农村金融体制改革的重要环节。美国、日本、印度、法国、德国、孟加拉国、印度尼西亚等国都已建立起适应其各自农村经济社会发展的农村金融市场体系。本节将通过深入剖析这些国家的农村金融组织持续发展的成功做法，基于“目标观”的视角，探索我国农村新型金融组织持续健康发展的思路和途径。

一、国外农村金融组织发展概况

1. 美国的农村金融组织发展概况

从20世纪初期开始，美国逐渐成为全球经济实力最强的国家，市场经济在农村地区和农业领域得到较大发展，不断完善和发展了以市场为主导的农村金融体系，并逐步形成了以政府为主导的商业型金融体系、合作型金融体系、政策型金融体系，发展和建设了农产品期货市场，并与农业保险机构相互配合协作。由于美国对农业发展的积极支持，使得高效、有序、规范的农村金融体系快速建立起来，美国对农业发展的支持除政府资金投入外，还得益于颁布有效的惠农政策和建立完善农业金融的法律法规。

直到20世纪初，美国农村金融组织才开始蓬勃发展起来，在此之前，美国农业发展所需贷款均来源于商业金融机构或个人。由于为农村服务的分支机构较多，在美国商业金融机构始终保持着强大的信贷市场占有率，农业发展经营所需更多的是依靠商业金融机构的贷款，大多数的农场主都会借款。例如，美国的政策性金融体系提供的信贷资金仅占全部农业信贷资金的3%，而商业性金融和合作性金融分别占到全部农业信贷资金的65%和32%。这样的农村金融体系既满足了广大农业生产经营者多层次的资金需求，同时也实现了金融机构自身的可持续发展。

美国农村金融机构经过多年的发展与完善，在促进农业生产发展上获得了很大的成功，逐渐体现出以下几大特点：一是1916年美国在农业贷款领域制定了系统的法律，由土地银行合作社、联邦土地银行、联邦中期信用银行三大金融机构牵头组建了较为完整的农业发展金融体系。二是政府为建立有效的农业信贷机构，持续发挥出政府对本国农业发展的扶持作用，建立了农民家计局、农村电气化管理局、商品信贷公司、小企业管理局，以便更有效地管理农村金融信贷业务。三是美国还建立了有效的农业发展保险机构，并完善整合为统一的体系，对国内农业生产的保险包括了三个层次：第一个层次的保险机构为私营保险机构，不少私营保险机构拥有了涉农生产保险资格，参照国家对保险行业的相关规定，加入农业生产的保险体系中。第二个层次为联邦农业生产保险公司，联邦保险公司领导所有涉农私营保险公司，管控农业保险风险，制定农业保险险种等。第三个层次为涉农保险的代理机构，涉农保险代理机构在农业生产过程中负责具体的农业保险业务，并开具保险证明。

综上所述可知，美国式的农业金融体系是一类复合型农业信贷，其具备以下两个特点：一是一般体现为政策性涉农金融、商业性涉农金融、合作性涉农金融相互交融，这样一来多类涉农金融机构相互分工配合，共同解决农业生产信贷中的问题，从而形成了美国独特的农业金融系统，积极发挥了农业金融机构在农业生产信贷中的支持作用，以满足全国农业资金需求。二是不仅有专门的农业金融机构提供农业生产信贷业务，其他金融机构也给予农业信贷支持。

2. 德国的农村金融组织发展概况

德国农村金融组织作为统一的金融合作系统，是世界合作金融的发源地之一，对世界农村金融体系的形成和完善有较大的贡献。以服务小微企业和农村为主要目标的德国农村金融机构起源于德国农村信用社。虽然德国的农业生产总值只占其GDP的1%，但是用于农业生产的信贷金额却占整个金融信贷金额的2.5%，说明德国农业金融系统较发达，20世纪80年代以来，德国大多数金融机构都参与了农村信贷业务，涉农贷款以每年3.7%的速度高速增长，其中德国农村金融机构起到了重要作用。

为了适应国内农业经济发展的需要，德国农业金融组织不断调整政策和信贷策略，采取自上而下逐级参股的形式，构建了以基层农业金融组织为基础，从农业基层信用合作社到农业合作联盟再到农业地区合作银行最终到农业中央合作银行的多级农业金融组织结构，各级之间不存在隶属关系，都有健全的管理组织和制度，都是独立的法人经济实体。德国农业信用合作社不以盈利为目的，社员主要以农民为主，也包括城郊工薪阶层、手工业者以及商人，社员代表大会是其组织决策机构，其产生的贷款利润主要用于为自身提供生产生活性费用。德国地区合作银行不断利用外部投资资金进行国际银行和证券业务，以合作社联盟和信用社的形式吸收社会闲散资金，保持其基本存款准备金，也接受转账业务。德国的中央合作银行由政府和合作社联盟、地区合作银行以及信用合作社共同入股构成，其所需资金主要由地区合作银行提供，主要向它们提供全国性的支付和结算服务以及证券、保险、租赁和国际业务等。为了避免政府过度介入金融系统，同时确保德国农村金融系统的安全稳定，德国金融体系中自发形成了行业自律组织以及审计协会，它们起到了监管德国的农村金融组织体系的作用，德国政策性金融组织为促进德国农业金融信贷的健康发展起到了重要作用。

作为德国中央合作银行体系的最显著特征，农业金融组织以集团化资金优势建立全方位农村金融服务系统。无论是从地方合作银行的兴起到整个合作银行体系的逐步完善和成熟，从经营简单的存贷业务到今天各个领域提供遗留的金融服务，从受政府支持到独立化的商业化运作，中央合作银行体系在德国农村金融组织发展中都扮演了重要的角色，这为德国农业经济的健康快速发展起到了重要的作用。

在德国中央合作银行体系的发展和完善过程中，地方合作银行对中央合作银行体系的形成和成长具有重要作用，涉及金融服务及存贷业务的各个领域，不断受到政府政策支持，并且自身作为金融机构能独立进行商业化运作。作为德国中央合作银行，其快速健康发展的经验主要有：一是要更好地发展和完善农村金融体系，应加强农村金融部门间的相互合作。二是通过提升与国际金融组织的交流来提高自身的盈利水平。三是及时掌握农村金融客户的需求，作为其金融产品设计及创新的导向。四是按照外部监督与内部控制相结合的方式有效进行风险管控，实现农村金融组织的现代化转变，并实现了持续性盈利，保证农村金融组织的可持续发展。

3. 法国的农村金融组织发展概况

法国具有欧洲最大的农业生产土地面积，因此法国农业对农业信贷业务的需求量较大，法国在农业金融信贷方面取得了较大成果，日渐完善的农业金融信贷专业化、社会化服务，不断加强农业与其他行业的交流。法国的农业金融机构体系主要由互助信贷联合银行、大众银行、土地信贷银行、农业信贷银行等组成，法国政府通过这些农业金融机构来制定农业金融政策，并将其政策推广至全国范围，使其逐渐成为法国金融的重要组成部分。

法国农业金融信贷业务依然采用上官下民的管理办法。其农业金融信贷体系主要由地方农业信贷互助银行、省农业信贷互助银行以及农业信贷银行总行三个层面组成，在这种结构体系中，各个层面在经济法上相互独立，其特点为官办为主、半官半民、上官下民。由于其具有多层次，这种农业金融体系对法国农业生产发展的推动作用较大，是全球农业合作银行的典范。这种农业金融信贷体系以民间信贷系统为基础，政府在其中起到引导作用，自下而上建立起来。在法国农业金融体系中，法国农业信贷银行总行是其农业金融信贷体系的最高领导机构，受到法国农业部和财政部的制约，而其他的省级或地方级农业互助银行都只是民间群众金融信贷组织。

法国农业金融机构除了要处理农业生产信贷业务之外，从法国农业金融体系的发展来看，法国农业金融机构长期充当中长期银行贷款主体的角色。从其成立到初步成熟，大致经历了三个主要阶段，每个阶段金融信贷资金来源均不相同：第一阶段为 1937 年以前，当时的政府管控银行法兰西银行根据 1897 年的国会法令，获得 4000 万法郎的资金，另外的信贷资金来源为股金。第二阶段为 1937~1942 年，这一阶段法国农业金融机构不断利用存款吸收农村闲散资金，扩大资金储备，拉动存款业务发展，其比例占到总体资金比例的 50%。第三阶段为 1942 年以后，在这期间法国中央银行不断发行债券，对农村发行的债券主要分为 3 年、5 年的，后来增加发行 10 年、15 年期限的债券，主要由法国中央银行做担保。从此以后，存款在其资金储备中占有重要地位，债券、存款、股票成为了法国农业金融信贷的三大主要资金来源。法国农业金融信贷中，贷款资金的投放，主要有四个方向：一是农产品加工方面的资金贷款；二是农业住宅方面的资金贷款；三是对农业生产过程的资金贷款，包括农业基建、农业购地资金贷款等，一般期限为50年以下；四是中小城市中农业小微企业资金贷款，以及农村农民生活的贷款。

经过多年的综合化和国际化发展战略，法国农业信贷银行已在全球60多个国家开展业务经营，经营业务范围涉及资产管理、零售、信托、银行、保险等六大业务方面，涵盖几乎所有的金融领域。其成功主要归结为以下几个方面：一是要使农业金融机构做好农业生产信贷业务，需要有政府的支持；二是农业产业与非农产业同步发展，实现农业金融信贷业务可持续发展；三是推行区域经济一体化带动农业金融体系完善，发展农业经济；四是融入现代化信贷资产管理体系，加快构建农业金融体系。法国在加快建设现代化农业金融信贷和推动本国乃至世界农业金融信贷业务的发展都起到了重要的作用。

4. 日本的农村金融组织发展概况

日本由于本土耕地面积小，农业发展规模有限，使得日本农业生产自给能力较差，因此作为经济强国的日本政府很重视扶持国内农业金融机构的发展，以保障国内农业生产的可持续性。1945年后，日本迅速建立起较为完善的农业金融信贷体系。日本政府在其中起到金融信贷导向作用，农业金融信贷体系以金融合作为主要目标，政府辅助农业金融信贷的正常进行。日本农业金融体系与农业生产合作体系之间是依附与被依附的关系，农业生产合作机构是农业金融体系的子系统，但同时农业生产合作机构又有其独立的资金信贷功能。在日本，各级农业协会与中央农业协会之间没有行政上的隶属关系，基本上是自身独立经营，只是由中央农业金融机构统筹管理。

在日本，合作性金融机构的运营以会员或合作社社员相互扶助为基本理念，其主流机构有四种：劳动金库、信用合作社、信用金库、农林渔业系统。在合作性金融机构中，大多数成员是规模较小的金融机构，其业务能力、资金合理调配与有效运用能力以及风险控制能力都存在严重不足，为了解决以上问题，各个系统均依法组建联合性组织并设立最高机构，这其中包括全国信用生产合作社联社、农林中央金库、信金中央金库、劳动金库联社等。其中日本农林中央金库是日本农业金融信贷系统的最高资金信贷机构，其可以参与发行农业资金债券，还可以通过机构向农业市场筹集农业金融资金。其主要职责是按照日本政府颁布金融法令管理农业金融资金，提供农业金融发展平台，指导全国农业生产，协调农业资金，定期发布农业生产相关信息。

根据《农林中央金库法》的有关要求，1923 年日本成立了农林中央金库，日本农林中央金库既是日本农协（JA）的中央银行，也是重要的农业政策性金融机构，主要服务农协系统内部成员。在此之后的 80 多年间，其发展主要经历了三个阶段：第一阶段（1923~1959 年）以政府为主导，建立、开展金融业务，为其初始阶段。第二阶段（1960~1995 年）积极拓宽海外金融业务，并在海外开设金融分支机构。第三阶段（1996 年至今）为应对金融经营的困境，农协进行了信用系统改革，增强发展活力。作为日本农业的中央银行，日本农林中央金库采取了一系列确保经营目标实现、保证业绩增长的重要战略措施。一是为保证资金的供给量，不断扩充资金筹集渠道。二是统一经营农村金融信贷业务。三是为增强金融组织盈利能力，加强风险管控。四是完善金融组织运作方案。五是大力发展海外业务，树立良好的国际形象。六是树立国内企业形象，拓展国内金融业务。由于日本出现农业生产资金需求量下降的状态，随着经济形势的变化，日本农业金融机构主动实现农业金融信贷转型，建立健全各项农业金融机制，从专门的农业政策性银行转变为国际化综合性银行。

通过研究日本农林中央金库的发展历程，其成功经验主要表现在以下几个方面：一是政府政策的支持对于农村金融组织在运营金融信贷业务上具有促进作用。二是农村金融组织能够顺利地开展金融信贷业务与良好的金融环境有重要的关系，因此需要建立健全农业金融法律法规。三是未来农村金融信贷的发展趋势是发展商业化信贷经营。四是要更快更好地促进农村金融信贷业务发展，需要发展和完善农村金融组织体系。五是为了更好地完善农村金融信贷业务，需要积极发挥农村金融信贷的政策性作用。六是不断加强农村金融信贷风险防控能力有利于促进农村金融信贷的可持续发展。七是为了避免重复投资，需要加快农村金融组织信息系统建设，提高金融系统运作效率。八是参照农业投资对象的特点，适当选择金融组织来发展农业生产。

5. 印度的农村金融组织发展概况

印度耕地面积辽阔，80%左右的人口以农业为主，农业生产在国民经济中占有举足轻重的地位，是亚洲农业大国，因此，印度政府十分关注农业发展问题，这就需要有相应的农业金融信贷体系与农业发展相配套。在印度，农业金融信贷业务的发展呈现出多层次的特点，正规的农业金融渗透率较低，非正规农业金融信贷业务却占有较大比重，印度的农业金融体系主要由国有商业银行、私人放款者、农村合作信贷机构、政府性金融机构所构成，还通过其他形式为农业生产提供资金信贷业务。

比如，印度工业信贷投资银行作为印度一家上市银行，基于国内银行业竞争的现状，其主动提出了“到农村去”的战略构想，并创造性地运用各种新的商业模式和现代信息技术，达到商业化运作农村金融业务的目的。其采取的措施主要有：一是要积极抢占农村金融市场，特别是被外资银行和其他金融机构忽视的农村金融市场，将自身长期战略定位为服务当地农村农户和农村小微企业。二是扩充金融服务营销渠道，根据区域内具体情况制定金融营销策略，发展和完善传统金融营销策略，提升金融服务质量。三是开发适销对路的产品，从农村客户的需求出发，为农村客户提供一揽子的服务。四是不断升级高起点的技术策略，有针对性地引入现代信息技术，开发和推广各种适用于农村地区的金融产品和服务手段，如开发简易的自动取款机、开展网上银行业务、研发智能卡和仓库保障系统等。

从印度工业信贷投资银行的农村业务取得的明显进展来看，其通过专门设立的农村微型金融部和农村业务部，较好地迎合了农业和非农业部门对金融服务的迫切需要，在某种程度上可以认为实现了经济效益和社会效益双丰收，为发展中国家改革农村金融体系提供了一个可借鉴的范本。一是为了提高农村金融业务质量，选择一种较为完善的金融商业模式，以弥补原有农村金融体系的缺陷。二是成功的商业模式可在发挥既有资源的作用下，从某种程度上确保了农村业务的质量和效益。三是降低金融服务成本，有效利用金融组织外部资源，是实现农村金融业务可持续发展的保障。四是需要完善和创新产品服务，研发新的金融信贷产品，满足农村客户的直接需要，提高农村金融机构的经营效率，确保其经营安全。五是成功的商业模式要不断升级优化，探索出适合农村金融机构发展的商业模式，更好地开发金融市场。

6. 孟加拉国的农村金融组织发展概况

孟加拉国由于经济落后，农业基础薄弱，导致其农村金融信贷活动的活跃度较低。目前，孟加拉国的农村金融体系由非正规金融、半正规金融、正规金融所组成，孟加拉国农业中央银行主要负责监管正规农村金融机构的运作，孟加拉国的主要农村金融机构包括 2 家农业发展银行，3 家国有商业银行以及私有银行，中央合作银行——格莱珉银行，凭借小额信贷模式帮助了无数的穷人脱贫致富，还实现了银行自身的可持续发展，这种小额贷款模式已在全世界得到复制和推广。

孟加拉国格莱珉银行起源于小额贷款项目，并于 1983 年转制为商业银行，其发展大致经历了三个阶段：第一阶段（1976～1982 年）为孟加拉国乡村项目阶段，借助金融服务帮助穷人摆脱贫困；第二阶段（1983～1998 年）为格莱珉银行的成立和发展阶段，完成由项目到银行的跨越；第三阶段（1999 年至今）为第二代格莱珉银行体系的建立与发展阶段，“格莱珉银行总体体系”（GGS）取代了第一代“格莱珉经典体系”（GCS）。其中，“格莱珉银行总体体系”孟加拉国农村金融机构的变化主要表现在以下几个方面：一是将贷款产品简化为三种类型；二是贷款发放体现出很大的灵活性；三是采取更为谨慎的拨备政策；四是增加格莱珉养老金和保险等新业务；五是建立“五星级”的分行评估体系；六是服务更加贴近客户的需求。

从孟加拉国格莱珉银行的经营来看，其经营理念是关注穷人，努力改变贫穷，把穷人当成其金融服务的对象和主体，鼓励穷人自发形成小组，帮助穷人从第一笔贷款开始，逐渐摆脱贫困，实现从贷款者到存款者、持股者多元角色的转变，全方位参与格莱珉银行的经营管理和收益分配。同时，格莱珉银行的性质——社会企业，以追求社会福利最大化为目标，转变为“穷人的银行”。为顺利实现经济和社会双重效益的协调，格莱珉银行将其管理机构分为总部、大区行、地区行、分行、中心和小组，并对原有的贷款产品进行改革，依靠基本贷款和灵活贷款，强化银行贷款的风险控制手段。

作为一家独特的银行，它是在持续经营的前提下以最大程度地帮助穷人脱困为目标，与传统银行的相似之处在于它是一家企业，而不是一个纯粹的慈善机构，它以商业价值和社会利益为双重目标，形成其模式成功最关键的因素。

其成功经验主要体现在三个方面：一是格莱珉银行的发展愿景，是“创造一个没有贫困的世界”，始终坚持以穷人作为服务对象，实现可持续发展和扶贫双重目标的平衡；二是格莱珉银行收益的来源为存贷利差，只有在农村金融市场的存贷利率差空间足够大的情况下，才能维持农村金融机构的可持续发展；三是格莱珉银行的最大外部支持源自于孟加拉国的相关政策，如政府将自己在格莱珉银行中持股比重降低，并逐步退出格莱珉银行，这对格莱珉银行的组建和优化起到了重要的作用，为其发展提供了宽松的环境和政策支持空间。

7. 印度尼西亚的农村金融组织发展概况

印度尼西亚拥有2.2亿人口，但全国约有15%的人口处于贫困状态。印度尼西亚人民银行（BRI）作为印度尼西亚最著名的金融信贷机构，成立于1895年，为政府所有，并主要面向农村的专业银行，其小额贷款体系向印度尼西亚数百万的农村居民提供金融服务，这种农村金融信贷业务对印度尼西亚农村经济发展起到了重要的作用。

印度尼西亚人民银行体系是印度尼西亚人民银行向农村地区提供小额信贷服务的组织机构，从其发展历程来看，大致分为以下两个阶段：第一阶段（1969~1983年），作为政策性银行对政府部门项目负责。第二阶段（1984年至今），通过银行转型，使银行进行全面商业化运营。“将农村银行转变成为能够满足农村地区广泛金融需求并且财务可持续的农村银行网络”，印度尼西亚人民银行对自身进行了部分改革和创新：一是建立和完善新的农村银行体系；二是对农村地区进行金融信贷储蓄动员；三是提供更加优质的金融产品和服务；四是惩罚金融信贷违约行为。通过转型和升级，印度尼西亚人民银行侧重于提供农村金融服务，并始终提供小额信贷业务，促进印度尼西亚经济的发展。

通过研究印度尼西亚人民银行的发展过程，其显著特点就是迅速而成功地从一个政策性、非营利性小额贷款体系转型成为商业化运作、可持续发展的新型农村银行体系。其成功的经验可充分说明，在农村地区开展小额信贷业务完全可以实现商业化运作和可持续发展。同时，印度尼西亚人民银行体系的建立和完善，也可以给我们带来一些可借鉴的经验和启示。一是作为一个农村金融组织，要同时实现农村金融组织可持续发展与较好地服务当地农户并不矛盾是可以的。二是要保障农村金融信贷业务的顺利进行需要有良好的金融环境和支持做保障。三是由于农村金融信贷组织主要向农户和小微企业提供小额贷款，因此保持农村金融组织经营自主性和独立性对其盈利是很有利的。四是农村金融组织需要创新提供适合当地金融需求的金融服务和产品。五是农村金融组织要利用好覆盖区域内的金融网络。六是农村金融组织需要为自身的金融信贷产品和服务做出合理的市场定位。正因如此，印度尼西亚人民银行近年来存贷款高速增长，在业务规模不断扩大的同时，资本充足率始终保持较高的水平，实现其可持续发展。

二、国外农村金融组织发展的经验和启示："目标观"视角

通过对美国、日本、法国、德国、印度、孟加拉和印度尼西亚七国农村金融信贷机构发展的比较分析，借鉴国外农村金融信贷体系优化发展的相关经验，结合双重目标对农村新型金融组织发展的要求，基于"目标观"视角，对建立和完善我国农村金融信贷机构系统，实现农村新型金融组织"经济利益"和"社会责任"双重目标的协调，具有以下经验和启示。

1. 加强政府支持力度，促进农村金融信贷健康发展

加强政府支持力度，促进农村金融信贷更好更快发展要注意以下几个问题：一是需要建立健全农村新型金融组织法律法规保障。如美国、日本等国家制定了《年联邦农业信贷法》《年中间信贷法》《农林渔业金融公库法》等法律法规，为建立健全农村金融组织体系起到了较大作用。二是政府应该为农村新型金融组织的发展提供相应的政策支持。美国、德国、日本、印度尼西亚和孟加拉都制定了一系列扶持农村金融发展的政策和措施，如美国向联邦土地银行、联邦中期信用银行投入了资金，同时减免农业金融信贷税收。日本政府通过资金拨付管理支持农业生产经营发展。美国为了保障其农业金融市场，在农村金融信贷上实施贴息政策。三是政府要建立并完善农村金融信贷保险制度。农业保险是农村新型金融组织履行政策性支持农业金融信贷业务的重要保证。同样，美国经过多次修正的《联邦农作物保险法》，形成了相对比较完善的农业保险制度，对防范农业金融风险、增加农业生产、提高农业福利水平起到了

重要作用。日本颁布的《农业灾害补偿法》，是由以前的《家畜保险法》发展完善而来。因此，为了更好地发展完善我国的农村新型金融组织，也应该借鉴他国的优秀经验，尽快颁布并完善农业方面的保险法律法规。

2. 发展以合作金融为主，构筑和完善农村金融组织体系

日本的农村金融信贷组织的发展与完善使日本农业发展所需要的资金有了较好的保障；德国是世界上首个农村金融信贷组织诞生地，以农业生产合作金融为主；美国的农村金融信贷组织是美国农村金融资金需求的主要来源；孟加拉国的农村银行吸收金融资金的方法是通过合作方式筹集所需资金，通过给予农业生产经营活动的小额贷款来资助贫困农民，从而推动贫困地区发展农业经济，增加了农民福利。以上国际经验表明，建立合作性金融信贷组织是农村金融组织发展的一种有效形式。由于多数农业盈利能力弱、周期短、资金量少、经营规模小，导致贷款风险较大，因此难以得到有效的金融资金支持，只有把零散的社会资金有效地筹集起来，汇集到专门的金融信贷部门，再统一对农业生产区域开展金融信贷业务，才能发挥出金融资金的最大功效。农村新型金融组织可以按照合作性的原则，通过与金融保险机构、农村信用社（农村商业银行）、商业银行、国有银行等加强互助合作，为本国农业生产做出贡献，更好地满足农业生产经营发展中的信贷资金需求。

3. 积极完善小额信贷服务体系，创新金融服务形式

农村金融小额信贷不仅能支持贫困农户和农村小微企业，还能提供创新性农村金融产品和服务的形式，国外农村金融信贷机构的成功经验证明：一是农村金融信贷机构所提供的小额贷款业务应当得到社会和政府的支持，解决“三农”问题，农村金融组织的经济效益与社会责任可共同实现，农村新型金融组织可为其提供创新性技术支持。二是需要对农村新型金融组织提供的小额贷款进行规范管制。允许农村新型金融组织自己决定利率，保证农村新型金融组织的规范性和合法性，政府的监管也要给予其一定的政策支持。三是农村新型金融组织提供的小额信贷产品和服务，应注重融入创新性技术和设计，在进行小额贷款业务之前，应综合考虑好农户的经济状况和还款能力、当地的经济发展水平、金融信贷周期等因素，更加精准地制定小额信贷额度、还款期限等，同时可创新性地扩展农村新型金融组织小额信贷的领域，进一步完善小额信贷体系，发展农业经济。

4. 积极创新金融产品和信贷技术，降低银行的经营成本

从农村新型金融组织实际的运作情况来看，信贷产品和市场开拓方只是简单地重复了商业银行模式，专门针对农户信用贷款的运作模式并未得到有效开发。为了尽可能满足贫困农民对农业金融信贷资金的强烈需求，农村新型金融组织可从农民贷款准入和贷款抵押方面着手，放宽农民农业金融信贷准入，农业金融信贷抵押多元化，积极推行动产抵押、权益质押、土地、农产品抵质押等多种抵押担保办法。印度尼西亚人民银行通过挑选目标客户和设计金融产品很好地解决了由于信息不对称和交易费用过高导致的高风险、低利润的问题。印度尼西亚实施了利率市场化改革，印度尼西亚人民银行始终以收益覆盖成本和风险为原则，对到期不能还款的客户加收一定的罚息，保证小额贷款利差收入在5%左右。格莱珉银行通过金融产品与服务的创新，通过无抵押无担保的小组联保和整借零还的形式向农村最贫困者尤其是妇女提供小额贷款服务来改善她们的生活状况，加强农民对农业金融信贷业务的参与度，对农业金融信贷过程加强监督管理，增加信贷成功率。

第四章 农村新型金融组织发展中双重目标的矛盾与协调及其影响研究

第一节 农村新型金融组织双重目标之间的矛盾及其原因①

一、农村新型金融组织双重目标之间的矛盾

农村新型金融组织从其诞生之初，继而不断发展，都面临着“经济利益”和“社会责任”双重目标的矛盾与协调。从某种意义上来说，经济利益目标是推动农村新型金融组织发展的内在动力，其内涵是在特定的经济发展环境中，通过组织自身的经营活动，处理经营关系，追求以最少或最合理的成本投入获得最大的经济效果，其具体目标包括个体经济利益、群体经济利益和国家经济利益的实现。企业社会责任的概念最早是由美国学者 Oliver Sheldon（1924）提出来的，主要从伦理道德层面阐释了企业的社会责任思想。自此，理论界出现了许多关于社会责任的观点，应用最广的当属卡罗尔（1979）提出的“企

① 引自：杨娴婷，杨亦民. 农村新型金融组织的双重目标：矛盾、原因及对策［J］. 农村经济，2012（4）.

业社会责任是指在特定时期内，社会对企业组织经济上的、法律上的、伦理上的和自行裁量的期望”。他将企业社会责任按照自下而上的原则分为经济责任、法律责任、伦理道德责任和慈善责任四个层级。由此可见，农村新型金融组织的社会责任目标就是在追求自身经济利益目标实现的基础上，不以经济利益最大化作为唯一目标，而是最大程度地承担起自身的法律、伦理道德和慈善等社会责任。在农村新型金融组织中，无论是村镇银行、农村小额贷款公司，还是农村资金互助社，都面临着经济利益与社会责任双重目标之间的矛盾。

1. 双重目标之间矛盾的理论逻辑

（1）双重目标的价值取向差异。

价值取向是价值哲学的重要范畴，是指导人们或组织行动和决策判断的指导思想和价值前提。个体或组织的价值取向不同，其定位的起点、具体目标就会存在差异，行动结果的层次和境界也会不同。

从经济利益目标视角来看，以资金借贷为主体业务的农村新型金融组织，天然就符合新古典经济学的“经济人”理论假设，追求自身经济利益最大化、获取更多企业利润是其内在驱动力和价值取向。换句话说，在市场机制作用下，农村新型金融组织必然会通过创新经营业务，降低营运成本，获得最大可能经济利润，提升其在农村金融市场中的竞争力和发展空间。

就社会责任目标来说，农村新型金融组织的各类业务经营行为必须以社会道德规范为遵循标准，确保其相关行为能够达到社会责任目标的基本要求。具体而言，农村新型金融组织在自己的能力范围之内，为贫困农户提供了多少资金支持，就在多大程度上满足了贫困农户的资金需求。从某种意义上来说，该类型的资金支持比例越高，资金需求的满足度越高，说明农村新型金融组织的社会责任履行得越到位。然而，由于客户还款能力的限制，农村新型金融组织必然会面临着巨大的业务经营风险，从而影响其经济利益的实现。由此可见，在经济利益和社会责任双重目标的价值取向差异下，必然会产生双重目标的冲突和矛盾。

（2）双重目标的主体功能差异。

主体功能是指主体能够满足对象某种需求的一种属性，凡是满足使用者需求的任何一种属性都可归于功能的范畴。不同类型的个体或组织往往承载着多种不同的功能，并且在不同的阶段，其功能发挥的程度也存在明显的差异性。

以村镇银行、农村小额贷款公司和农村资金互助社为主体的农村新型金融组织，成立之初就肩负着与传统农村金融组织不同的功能导向。从整体来看，在双重目标约束下，农村新型金融组织的基础功能、资源配置功能和宏观调控功能与传统农村金融组织都存在着较大差异性。在基础功能上，农村新型金融组织呈现出时间短、效率高、频率快、联系紧的特点；在资源配置功能上，农村新型金融组织倾向于将资金、人才、技术和管理等资源配置到广大农户、小微企业；在宏观调控功能上，农村新型金融组织更希望通过金融资源配置，推动农村经济发展，特别是推动广大农户的收入均衡性增长，缩小农户收入之间的差距。从内部构成来看，在双重目标约束下，村镇银行时刻秉承服务“三农”的根本宗旨，实现自身不断壮大的发展目标，努力发挥其功能齐全的特点；农村小额贷款公司则更多地发挥其满足广大农户和小微企业信贷需求的功能，在此功能上坚持“小额、分散”的原则，力求做精做细，呈现出功能单一性特征；农村资金互助社作为一种由农民和农村小微企业按照自愿原则发起设立的为入股社员服务、实行社员民主管理的新型农村银行业金融机构，其主要功能是为社员提供存款、贷款和结算等业务，在这些功能实现上，呈现出服务主体限制、服务能力较弱和服务条件较差等特征。由此可见，不管是组织整体，还是内部构成，都存在突出的主体功能差异，从而产生双重目标的冲突和矛盾。

2. 双重目标之间矛盾的具体表现

(1) 国有股权与非国有股权不相容。

政策制定者认为通过引入多元化股权在一定程度上可以降低农村金融风险，同时也有利于实现深化农村金融改革、满足广大贫困农户金融需求的政策目的，因此，银监会等监管机构在农村新型金融组织设立之初就明确规定其参股方可由国有资本、民营企业资本以及个人资本共同构成。国有商业银行为国有资本的代理人，更多地承载着社会利益和社会责任的实现，而民营企业资本和私人资本则代表着商业利益和经济责任的追求。很显然，社会责任和经济利益之间存在很大程度的激励不相容，两类利益相关者主体目标很难达成一致，必然影响农村新型金融组织的可持续发展。随着我国国有商业银行产权制度改革的不断深入，其商业性经营方向愈加明显，政策性目标逐渐退化，容易与民营企业资本和个人资本形成利益同盟，共同侵蚀国家投入的政策性资本，从而影响其社会责任目标的实现，显然这背离了政策制定者的初衷，此时监管者就会采取更加严厉的监督和惩罚措施，最终严重制约农村新型金融组织的可持续发展。因此，倘若不能有效解决多元股权之间的激励相容问题，那么双重目标之间的矛盾就难以化解。

（2）政策管制与自身发展不相容。

在资本逐利性特征作用下，农村资本往往会选择加速逃离“三农”领域，因此，为使农村新型金融组织成为真正扎根农村和服务“三农”的金融机构，政府监管部门从业务范围、服务对象和经营地域等方面进行政策性限制，比如要求新型村镇银行、农村小额贷款公司和农村资金互助社等农村新型金融组织的70%以上贷款项目和金额必须是涉农业务；农村资金互助社只能在相应乡、村范围经营，并且仅限定为社员之间的资金互助和借贷行为；村镇银行和农村小额贷款公司只能在本县域范围内从事信贷业务活动，不得跨县域设立分支经营机构。这些政策管制措施充分体现了农村新型金融组织服务“三农”的政策目的和设立初衷，但是，事实证明，随着农村新型金融组织的不断发展，“政策性介入”的传统型农村金融的改革逻辑已经形成制约障碍，政策性目标与农村新型金融组织自身可持续发展之间产生了难以调和的利益冲突。过分强调农村新型金融组织的社会责任，一方面会损害其自身的可持续发展能力，另一方面也会挫伤其改革和创新发展的动力。实际调研中，已有一些农村新型金融组织表达了取消相关政策管制的强烈愿望。可见，倘若不能有效化解政策性管制与自身发展之间的相容问题，那么双重目标也就难以均衡实现。

（3）强制性制度安排与农村金融环境不相容。

农村金融有效供给不足和民间借贷行为盛行是我国农村金融市场面临的两难境地，本轮农村金融改革的政策初衷就是希望通过设立农村新型金融组织，一方面规范农村民间金融行为，净化农村金融环境，另一方面增加农村金融有效供给，满足广大农户的金融需求。其前提条件是当前的农村金融需求主体要与现代正规金融方式相适应，然而，从实际情况来看，我国推行的政府主导下强制性农村金融改革安排还难以与现行的农村金融生态环境相协调。面对正规金融机构锁定的各种限制性条件，广大农户面临资金约束时，他（她）们仍然倾向于从亲戚、朋友或邻里熟人处获得资金支持，对于广大农户来说，关系性借贷可能更方便、更可靠，于是，农村民间借贷行为依然盛行不衰。在现行强制性制度安排下，农村新型金融组织与农村金融环境生态难以相适应，因此，农村新型金融组织还很难兼顾社会责任与经济利益之间的均衡。

二、农村新型金融组织双重目标之间矛盾产生的原因

1. 资金规模约束：群体经济利益和组织应承担的慈善责任之间矛盾的根本点

群体经济利益作为组织经济利益的具体目标之一，是村镇银行、农村小额贷款公司和农村资金互助社等农村新型金融组织希望通过自身的信贷经营行为，实现其利润最大化的目标。慈善或者援助责任是农村新型金融组织在经济利益目标之外应主动承担的为社会公众谋求福利的责任和义务，隶属于社会责任范畴，具体来说，就是农村新型金融组织利用自身优势为贫困农户们提供更多廉价的资金，从而满足他们生产、生活等方面的资金需求。事实上，国家决策部门设立农村新型金融组织的初衷是希冀此类机构根植于农村，服务于农户和农村小微企业，弥补现行农村金融的供给不足，但从近几年设立运行的村镇银行、农村小额贷款公司和农村资金互助社境况来看，这些金融机构无一例外地面临资金规模严重不足的困境。正是受资金规模的约束，使农村新型金融组织在资金的来源和去向问题上出现了矛盾和对立，即是将有限的资金用于实现群体经济利益，还是应承担起更多的慈善之责。

首先，在资金来源问题上，就村镇银行而言，尽管其历史包袱较少，其发起人也具有较丰富的管理经验和技术力量，但受其自身规模的限制，面向广大农户和农村小微企业的资金供给仍无法满足他们对信贷资金的需求。虽然从设立之初，村镇银行就被赋予了吸收存款的功能，但由于村镇银行设立的时间短，与广大农户之间的连接纽带和信任机制还没有很好地建立起来，因此，农

户对村镇银行的接受度和认可度还较低，在其社会公信度还未有效形成的情况下，村镇银行寄希望于存款的自然增长，扩大其资金供给规模的难度较大，从而限制了村镇银行的资金供给能力。因此，在有效资金供给不足的情况下，村镇银行的资金流向就会面临获取群体经济利益和承担的社会慈善责任之间的冲突。

其次，农村资金互助社作为农村新型合作金融的未来和希望，一方面由于其根植于社会基层，与广大农户紧密相连，面临着巨大的资金需求；另一方面相比其他农村金融机构，农村资金互助社的资金来源具有显著的特殊性，从整体来看，主要来自吸收社员存款、接受社会捐赠和向其他金融机构融通资金三条途径。在这些资金来源途径中，社会性捐赠具有极大的不确定性；社员存款具有典型的同质性，不存在时间差，难以被其他社员所利用；向其他金融机构融资往往存在各种限制性条件，相应约束其资金使用能力。由此可见，受到资金约束的农村资金互助社更倾向于将资金运用于群体经济利益，从而与慈善责任等社会责任间的矛盾显化。

最后，在设立之初，农村小额贷款公司就定位于“只贷不存”的运作模式，其资金来源主要是出资人或发起人缴纳的资本金，不向社会公众吸收存款。由于受运作模式的制约，使农村小额贷款公司在经营过程中更加专注于小额贷款功能的实现，切实为农户和小微企业提供快速、便捷的信贷资金，但是此种模式也严重束缚了农村小额贷款公司的信贷资金规模和业务覆盖面，进而影响其盈利能力和社会责任功能的实现。因此，在总量资金受限的情况下，必然会影响农村小额贷款公司在群体经济利益和社会慈善责任之间的权衡，扩大两者之间的矛盾和冲突。

毋庸置疑，农村新型金融组织的发展离不开强有力的资金后盾，资金链的健康也是组织成长最关键的基础之一，其群体经济利益的实现必须以可观的资金流为基础，慈善责任的担当更是离不开强大的资金后援。因此，倘若农村新型金融组织发展中面临的资金规模约束不能得到妥善解决，必将直接影响农村新型金融组织“双重目标”的实现和自身的可持续发展。

2. 多维风险叠加：个体经济利益和组织应承担的经济责任之间矛盾的落脚点

个体经济利益作为组织经济利益的具体目标之一，是村镇银行、农村小额贷款公司和农村资金互助社等农村新型金融组织内部成员及其利益相关者对自身利益最大化的追求；而社会责任中的经济责任担当是农村新型金融组织在促进农村经济发展和农民收入增长过程中应尽的责任和义务。个体经济利益和组织经济责任目标的实现并不是完全一致的，当面临多维风险的考量时，个体经济利益和组织经济责任之间的矛盾就越发凸显。从整体来看，农村新型金融组织自成立之初，就面临着客户的信用风险和信贷风险、自身的内部控制和操作风险、宏观的制度风险和市场风险等。尽管村镇银行、农村小额贷款公司和农村资金互助社等金融机构也在不断探索防范和应对风险的措施，但仍缺乏行之有效的风险控制制度。较大的不确定性风险在使农村新型金融组织内部成员的个体经济利益受损的同时，也势必制约组织对外经济责任的担当，因此，多维风险的存在使农村新型金融组织时常深陷是满足个体经济利益还是承担组织经济责任的矛盾之中。

具体来说，第一，由于村镇银行、农村小额贷款公司和农村资金互助社等农村新型金融组织的服务对象主要是弱势的农业产业和农业加工业、弱势的农户和小微企业，在自然条件和产品生产周期性长的约束下，不可避免地使这些农村新型金融组织在业务经营过程中面临较大的市场风险。第二，由于担保及保险体系的不完善和农村征信系统的缺乏，使农村新型金融组织面临长期的信用风险。第三，由于这些农村新型金融组织设立的时间不长，在农村金融业务上还未积累足够的经营经验。虽然村镇银行的发起人中有从事过金融业务的金融机构，但是其往往只有过在城市中经营的经验，对农村金融市场并不熟悉，而小额贷款公司的股东是符合条件的自然人和企业法人，农村资金互助社的股东则由当地的农户和农村小企业入股构成，他们以前从未进行过系统性金融业务的经营与管理，因此，农村新型金融组织往往面临着较大的经营风险。

总之，自“新政”以来，设立的村镇银行、农村小额贷款公司和农村资金互助社等农村新型金融组织被认为是最贴近农村市场和农户需求的农村金融组织，具有天然的草根性，因此，这些金融组织对自身的信用体系、风险管理、激励和约束机制等方面的建设意识淡薄，过分依赖自身与客户对象形成的关系机制，容易造成各类风险的不可控性，使农村新型金融组织在选择实现个体经济利益和履行组织经济职责之间出现矛盾，从而不利于农村新型金融组织的可持续发展。对于农村新型金融组织来说，只有将多维叠加的风险降到可控范围之内，一方面才能实现其个体经济利益，激励员工的工作积极性和提高员工的忠诚度；另一方面才能使农村新型金融组织履行经济责任，为社会经济的增长和发展做出应有的贡献。

3. 制度建设滞后：国家经济利益与组织应履行的法律责任之间矛盾的关键点

从宏观层面来看，经济利益是国家生存、发展的基础，是国家利益之根本。国家经济利益是经济利益目标中的重要组成部分，也是最高层次的经济利益。它是由各个群体组织创造的经济价值的总和，是一个国家实现可持续发展的根本动力和源泉。法律责任是组织社会责任的重要构成内容，是组织在自身发展过程中应该遵循的社会规范和法律义务。在协调国家经济利益和组织群体的法律责任之间关系时，应该在法律制度框架内追求自身经济利益的最大化。具体就农村新型金融组织来说，就是运用法律制度维护其合法持续经营并以法律为准绳规范约束自身的经营行为。

从制度经济学视角来看，作为经营货币的金融机构，其核心资产和核心竞争力就是拥有一套科学严密的制度和一种能够全面正确理解这套制度并高效执行的企业文化，这样才能规避经营风险，实现可持续发展。由于村镇银行、农村小额贷款公司和农村资金互助社设立的时间还不长，在经营业务、内部管理和市场开拓等制度设计上还不能肩负起推进多元化农村金融市场体系建设的重任。这些农村新型金融组织还难以按照成立之初的双重目标定位，构建起相应制度体系和框架，实现“经济利益”和“社会责任”双重目标的协调发展。比如村镇银行为了追求经济利益的回报，在网点布局上仍然选择那些经济相对发达、交通便利的城乡接合部；农村小额贷款公司将贷款对象更多地锁定于还款能力强的县城或乡镇人群和企业；农村资金互助社在成立之时就有意识地筛选社员标准，降低自身风险。这些行为选择使农村新型金融组织在服务“三农”，特别是服务贫困农户上的效果大打折扣。然而，农村新型金融组织之所以会存在偏离目标的行为选择，归根结底就是制度缺失和执行不力。

农村新型金融组织存在和发展的最基本要求就是保持可持续性经营，但是，在现实中却面临着严峻挑战。当农村新型金融组织的可持续性受到威胁时，应当以国家经济利益为重，抑或以组织应承担的法律责任为重，需要一套完善的制度保障机制安排，不能把制度建设看作一种简单的满足法律法规要求的制度汇编，应该是将法律法规与各项管理活动、各个业务条线以及各个业务岗位形成鲜明映射关系的制度管理体系，才能从最大程度上协调双重目标之间的矛盾。

第二节　农村新型金融组织双重目标的协调：农户、政府和农村新型金融组织的博弈

农村新型金融组织成立之初，就肩负着实现农村普惠金融和追求自身利益最大化的双重目标。其主要表现在：一方面农村新型金融组织作为自负盈亏、自主经营的独立企业法人，具备现代企业经营特点，必然以追求自身最大利益作为其可持续发展的坚实保障；另一方面由于中国“三农”问题形势严峻，作为政府管控的农村新型金融组织，其成立的重要职责在于支持中国新农村建设、乡村振兴以及服务“三农”，但由于中国农业经济的脆弱性、农户经营状况不透明等因素，使农村新型金融组织对农信贷业务的拓展面临更低的利润空间以及更高的风险，农村新型金融组织很难继续维持其服务“三农”的承诺，以至于产生一部分农村新型金融组织“脱农”“背农”的现象，农户和乡镇小微企业的融资需求难以满足，社会福利将持续减少。如何协调“经济利益”和“社会责任”双重目标，探寻双重目标的平衡点，是实现农村新型金融组织可持续发展的重要保证，是解决农户及乡镇小微企业融资问题的重要保障，是政府通过管控获得社会福利的重要途径。

本节为协调农村新型金融组织双重目标，对参与相关活动的三方，即农户、政府和农村新型金融组织进行了博弈分析。具体分为两个部分：第一部分

为农户、政府和农村新型金融组织三方完全信息静态博弈，三大主体同时行动，并对混合策略模型求解，得出纳什均衡，对博弈结果进行分析。第二部分为农户、政府和农村新型金融组织三方不完全信息动态博弈，基于现实信贷程序，将博弈分为申贷阶段和还贷阶段，各主体行动有先后之分，根据博弈树模型求解博弈结果，并对博弈结果进行分析。

一、农户、政府和农村新型金融组织完全信息静态博弈

1. 基本假设与变量设置

（1）参与方的假设。假设模型中存在三个参与方，即农户、政府和农村新型金融组织，三方满足“理性经济人”假设，即在相关约束条件下，三个参与方均追求自身利益最大化，且各参与方相互产生影响。

（2）参与方行动策略的假设。假设政府的行动策略空间为（管控有效，管控无效），农村新型金融组织的行动策略空间为（履约，不履约），农户的行动策略空间为（诚信，不诚信）。

（3）将三方博弈定为完全信息静态博弈。三个参与方同时行动，做出决策时均无法知道其他两方会做出怎样的决策，但对其他主体的行动空间是有所了解的。

（4）变量设置。假设政府管控有效的概率为 a，管控无效的概率为 1-a；农村新型金融组织选择履约的概率为 b，不履约的概率为 1-b；农户选择诚信的概率为 c，不诚信的概率为 1-c，且 a，b，$c\in[0,1]$。

2. 模型构建

根据上文的相关假设条件，政府、农村新型金融组织和农户的行动策略组合包括（管控有效，履约，诚信）（管控无效，履约，诚信）（管控有效，履约，不诚信）（管控无效，履约，不诚信）（管控有效，不履约，诚信）（管控无效，不履约，诚信）（管控有效，不履约，不诚信）（管控无效，不履约，不诚信）。政府、农村新型金融组织和农户的三方博弈树如图 4-1 所示，博弈矩阵如表 4-1 所示。

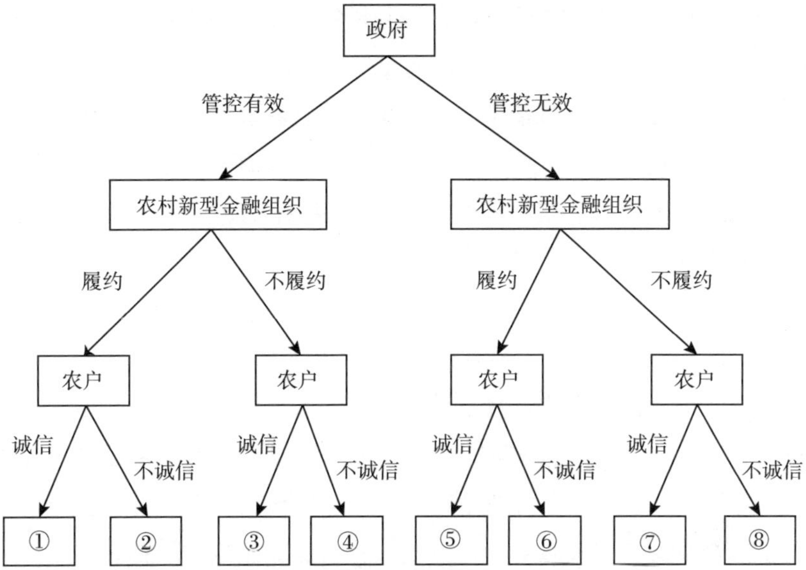

图 4-1　政府、农村新型金融组织、农户三方博弈树

表 4-1　政府、农村新型金融组织、农户三方博弈矩阵

				政府	
				管控有效 a	管控无效 1-a
农村新型金融组织	履约 b	农户	诚信 c	(A, B, 0)	(A_1, B, 0)
			不诚信 1-c	(A, B, -P)	(A_1-L, B, C)
	不履约 1-b	农户	诚信 c	(0, $-P_1$, C_1)	($-L_1$, B_1, C_1)
			不诚信 1-c	(0, $-P_1$, $-P_2$)	($-L_2$, B_2, C_2)

各策略组合的支付说明：

(1)（管控有效，履约，诚信）的支付为（A，B，0）。

此种策略组合由于农村新型金融组织履约且农户选择诚信，政府通过相关管控措施，取得成效，农村新型金融组织履约使其获得额外收益 A，在分析过程中为了计算简便，此收益是政府已扣除管控成本后的收益。农村新型金融组织由于履约，除了会得到信贷收益外还将会获得政府给予的额外奖励 B，政府给予农村新型金融组织的奖励可以是现金，也可以是给予农村新型金融组织优惠的信贷政策。农户选择诚信，没有得到信贷收益以外的好处。

(2)（管控无效，履约，诚信）的支付为（A_1，B，0）。

此种策略组合由于农村新型金融组织履约且农户选择诚信，但政府没有投入更多的管控措施，导致管控无效，因此，此时政府的管控成本相对较小，农村新型金融组织履约使其获得额外收益 A_1，且 $A_1>A$。而农村新型金融组织履约，同时农户选择诚信，与第一个策略组合相同，因此二者的支付与第一个策略组合相同。

(3)（管控有效，履约，不诚信）的支付为（A，B，-P）。

此种策略组合由于农户选择不诚信，但是政府管控有效，及时发现了其不诚信行为，因此，并没有造成额外损失，农村新型金融组织依然选择履约，因此政府的额外收益为 A。农村新型金融组织选择履约，其额外收益仍为 B。而农户由于选择不诚信，被政府管控发现，将会受到相应的惩罚 P。

(4)（管控无效，履约，不诚信）的支付为（A_1，-L，B，C）。

此种策略组合由于农户选择不诚信，政府管控无效，并没有及时发现其不诚信的行为，导致政府受到了一定的福利损失 L，L 表示农户不诚信对政府造成的损失，农村新型金融组织选择履约，因此政府的收益为 A_1-L。农村新型金融组织依然选择履约，其额外收益仍为 B。农户由于选择不诚信，且未被察觉，将会获得额外收益 C。

(5)（管控有效，不履约，诚信）的支付为（0，$-P_1$，C_1）。

此种策略组合由于农村新型金融组织选择不履约，政府管控有效，因此政府没有遭受额外损失，但是也没有产生社会福利，政府收益为 0。农村新型金融组织选择不履约的行为，被政府发现，将受到政府给予的惩罚，因此农村新型金融组织的收益为$-P_1$。农户依然坚持诚信，未与农村新型金融组织合谋，因此将受到政府的额外奖励 C_1。

(6)（管控无效，不履约，诚信）的支付为（$-L_1$，B_1，C_1）。

此种策略组合由于农村新型金融组织选择不履约，政府管控无效，未能及时发现，因此政府遭受到损失 L_1。农村新型金融组织由于选择不履约，但未被政府发现，因此没有得到惩罚，除获得正常的信贷收益外，还可能利用政府有利政策获得额外收益 B_1，且 $B_1>B$。农户依然坚持诚信，未与农村新型金融组织合谋，因此将受到政府的额外奖励 C_1。

（7）（管控有效，不履约，不诚信）的支付为（0，$-P_1$，$-P_2$）。

此种策略组合由于农村新型金融组织选择不履约，农户选择不诚信，二者形成合谋，期望获得政府政策支持的额外收益，但由于政府管控有效，及时发现了二者合谋行为，给予惩罚，并未遭受额外损失，但其收益为0。农村新型金融组织选择不履约，农户选择不诚信，被政府管控，并给予相应的惩罚，因此农村新型金融组织收益为$-P_1$，农户收益为$-P_2$。

（8）（管控无效，不履约，不诚信）的支付为（$-L_2$，B_2，C_2）。

此种策略组合由于农村新型金融组织选择不履约，农户选择不诚信，二者形成合谋，期望获得政府政策支持的额外收益，由于政府管控无效，未能及时发现二者的合谋行为，没有给予惩罚，因此遭受到较大损失，社会福利损失严重，政府收益为$-L_2$，且 $L_2>L_1$，因为两个主体合谋造成的负面影响要比单一主体失信造成的负面影响大。农村新型金融组织选择不履约，农户选择不诚信，由于政府管控无效，未能及时给予惩罚，除获得正常的信贷收益外，还可能利用政府有利政策获得额外收益，因此农村新型金融组织收益为 B_2，农户收益为 C_2，且 $B_2<B_1$，$C_2>C$，因为农户信息不完全，处于弱势地位，农村新型金融组织需要将额外利益分一部分给农户，促成农户与其完成合谋，获得额外利益。

3. 模型求解

（1）求解政府管控有效的概率 α。

1）设农村新型金融组织选择履约和不履约的期望收益分别为 E_1 和 E_2，根据三方博弈模型推算可得：

$$E_1=\alpha[cB+(1-c)B]+(1-\alpha)[cB+(1-c)B]=B$$

$$E_2=\alpha[c(1-P_1)+(1-c)(-P_1)]+(1-a)[cB_1+(1-c)B_2]$$
$$=cB_1+(1-c)B_2-a[P_1+cB_1+(1-c)B_2]$$

令 $E_1=E_2$，得 $a_1^*=\dfrac{-B+cB_1+(1-c)B_2}{P_1+cB_1+(1-c)B_2}$。

2）设农户选择诚信和不诚信的期望收益分别为 E_3 和 E_4，根据三方博弈模型推算可得：

$$E_3=\alpha[b\times0+(1-b)C_1]+(1-a)[b\times0+(1-b)C_1]=(1-b)C_1$$

$$E_4=\alpha[b(-P)+(1-b)(-P_2)]+(1-a)[bC+(1-b)C_2]$$
$$=bC+(1-b)C_2-a[b(P+C)+(1-b)(P_2+C_2)]$$

令 $E_3=E_4$，得 $a_2^*=\dfrac{bC+(1-b)C_2-(1-b)C_1}{bC+(1-b)C_2+bP+(1-b)P_2}$。

（2）求解农村新型金融组织选择履约的概率 b。

1）设政府管控有效和管控无效的期望收益分别为 E_5 和 E_6，根据三方博弈模型推算可得：

$$E_5=b[cA+(1-c)A]+(1-b)0=bA$$

$$E_6=b[cA_1+(1-c)(A_1-L)]+(1-b)[c(-L_1)+(1-c)(-L_2)]$$
$$=b[A_1+cL_1+(1-c)(L_2-L)]+(c-1)L_2-cL_1$$

令 $E_5=E_6$，得 $b_1^*=\dfrac{cL_1+(1-c)L_2}{cL_1+(1-c)L_2+(A_1-A)-(1-c)L}$。

2）设农户选择诚信和不诚信的期望收益分别为 E_3' 和 E_4'，根据三方博弈模型推算可得：

$$E_3'=b[a\times0+(1-a)0]+(1-b)[aC_1+(1-a)C_1]=(1-b)C_1$$

$$E_4'=b[a(-P)+(1-a)C]+(1-b)[a(-P_2)+(1-a)C_2]$$
$$=(1-a)C_2-aP_2+b[(1-a)(C-C_2)+a(P_2+P)]$$

令 $E_3'=E_4'$，得 $b_2^*=\dfrac{C_1-[(1-a)C_2-aP_2]}{(1-a)C-aP+C_1-[(1-a)C_2-aP_2]}$。

（3）求解农户选择诚信的概率 c。

1）设政府管控有效和管控无效的期望收益分别为 E_5' 和 E_6'，根据三方博弈模型推算可得：

$$E_5'=c[bA+(1-b)0]+(1-c)[bA+(1-b)0]=bA$$

$$E_6'=c[bA_1+(1-b)(-L_1)]+(1-c)[b(A_1-L)+(1-b)-L_2]$$
$$=c[bL+(1-b)(L_2-L_1)]+b(A_1-L)-(1-b)L_2$$

令 $E_5'=E_6'$，得 $c_1^*=\dfrac{(1-b)L_2-b(A_1-A)+bL}{(1-b)L_2-(1-b)L_1+bL}$。

2）设农村新型金融组织选择履约和不履约的期望收益分别为 E_1' 和 E_2'，

根据三方博弈模型推算可得：

$$E_1'=c[aB+(1-a)B]+(1-c)[aB+(1-a)B]=B$$

$$E_2'=c[a(-P_1)+(1-a)B_1]+(1-c)[a(-P_1)+(1-a)B_2]$$
$$=(1-a)B_2-aP_1+c(1-a)(B_1-B_2)$$

令 $E_1'=E_2'$，得 $c_2^*=\dfrac{B+aP_1-(1-a)B_2}{(1-a)B_1-(1-a)B_2}$。

因此，该博弈模型的纳什均衡为：

(a_1^*, b_1^*, c_1^*)，(a_1^*, b_2^*, c_1^*)，(a_1^*, b_2^*, c_2^*)，(a_1^*, b_1^*, c_2^*)，(a_2^*, b_1^*, c_1^*)，(a_2^*, b_1^*, c_2^*)，(a_2^*, b_2^*, c_1^*)，(a_2^*, b_2^*, c_2^*)。

4. 博弈结果分析

（1）政府角度。

1）当农村新型金融组织选择履约和不履约的期望收益相同时。由 a_1^* 可知，农村新型金融组织选择履约时，农户的期望收益 $cB_1+(1-c)B_2$ 越大，政府管控有效的概率会越大，因为当政府知道这种情况后，农村新型金融组织与农户合谋的概率会增大，因此，政府将会投入更多的成本进行管控，管控有效的概率便会增大。政府对农村新型金融组织选择履约的奖励 B 和对农村新型金融组织选择不履约的惩罚 P_1 越大，政府管控有效的概率会降低。这是因为 B 和 P_1 都是由政府规定的，政府相信对理性经济人的奖励和惩罚将会产生相应的作用，因此会放松管控，减少管控的成本投入，从而使政府管控有效的概率降低。

2）当农户选择诚信和不诚信的期望收益相同时。由 a_2^* 可知，政府管控无效时，农户不诚信的期望收益 $bC+(1-b)C_2$ 越大，农户选择不诚信的概率就越大，政府对此肯定会加强管控，因此政府管控有效的概率便越大。政府管控有效时，农户不诚信将受到的惩罚 $bP+(1-b)P_2$ 越大，政府会认为农户在较重的惩罚面前将不会轻易选择不诚信，因此会放松管控，政府管控有效的概率便会降低。农户选择诚信的期望收益 $(1-b)C_1$ 越大，政府会认为农户作为理性经济人角色会选择追求利益最大化，一定会选择诚信，因此政府会放松管控，管控有效的概率降低。

（2）农村新型金融组织角度。

1）当政府管控有效和管控无效的期望收益相同时。由 b_1^* 可知，农村新型金融组织选择不履约时，政府的损失 $cL_1+(1-c)L_2$越大，政府将越会加大力度进行管控，则农村新型金融组织选择不履约所面临的风险将会增大，因此农村新型金融组织选择履约的概率将会提高。政府管控有效与管控无效之间管控成本差额 A_1-A 越大，政府将会考虑严格控制管控成本的问题，农村新型金融组织会认为政府选择高投入管控的可能性较小，因此选择履约的概率会降低。农村新型金融组织在决策时也会考虑到农户的因素，农户独自选择不诚信给政府带来的社会福利损失（$1-c$）L 越大，政府选择加强管控的可能性会越大，因此，农村新型金融组织此时选择履约的概率便会越大。

2）当农户选择诚信和不诚信的期望收益相同时。由 b_2^* 可知，若农户在农村新型金融组织选择不履约情况下的期望收益 $C_1-[(1-a)C_2-aP_2]$越大，农村新型金融组织会考虑到选择不履约时政府严格管控及农户利益分配等问题，选择履约的概率会增加。而若农户独自选择不诚信的期望收益$(1-a)C-aP$ 越大，农村新型金融组织会认为农户为了追求高利益而选择不诚信，因此农村新型金融组织选择跟农户合谋的可能性会增加，农村新型金融组织选择履约的概率会减小。

（3）农户角度。

1）当政府管控有效和管控无效的期望收益相同时。由 c_1^* 可知，农户选择不诚信对政府社会福利所造成的损失 $bL+(1-b)L_2$越大，农户会因此考虑到政府将会采取措施加强管控，考虑到自身的收益和面临的风险，选择诚信的概率将会增加。政府管控有效与管控无效之间管控成本差额 A_1-A 越大，此时农户和农村新型金融组织的博弈角度是一样的，认为政府将会考虑严格控制管控成本的问题，农户会认为政府选择高投入管控的可能性较小，因此选择诚信的概率会降低。农村新型金融组织独自选择不履约时，政府遭受到的损失（$1-b$）L_1 越大，农户会考虑到政府将会加强管控，若选择不诚信将可能会受到惩罚，若选择诚信可能会受到政府奖励，因此农户将更可能会选择诚信。

2）当农村新型金融组织选择履约和不履约的期望收益相同时。由 c_2^* 可知，农户与农村新型金融组织合谋且政府管控无效时，农村新型金融组织的期望收益$(1-a)B_2$越大，农户认为其与农村新型金融组织合谋分得的利益会增加，因此农户选择诚信的概率降低。农户未与农村新型金融组织合谋，政府管控无效时，农村新型金融组织选择不履约的期望收益（1-a）B_1越大，农户会考虑到政府管控无效的概率比较大，因此农户选择诚信的概率会减小。若政府对农村新型金融组织采取高奖励和高惩罚的措施，即 aP_1+B 增大，这将会对农户产生一定的警示作用，因此农户选择诚信的概率会提高。

5. 结论与政策建议

（1）政府角度。在政府、农村新型金融组织和农户三者博弈过程中，政府部门的管控起到了主导作用，因此其对农村新型金融组织与农户的信贷业务以及发展具有决定性作用。应关注政府部门发挥的主导作用，建立健全农村新型金融组织与农户信贷业务的相关法律法规等制度环境，加强农村新型金融组织与农户之间信息沟通，避免产生信息不对称，努力构建风险防范体系。

（2）农村新型金融组织角度。建立健全金融服务信息平台，及时掌控风险，在对农户信贷过程中加强对农户经营状况的监督，保持与农户良好的信贷合作关系，努力提高自身金融盈利水平，加强业务技术培训。

（3）农户角度。提升自身经营状况，扩大自身经营规模，提高抗风险能力，正确安全使用融资资金，防止资金链断裂，重视合同作用，参与技术培训，多与律师、风险控制人员、财务专员沟通，降低风险发生率，弥补自身弱势。

二、农户、政府和农村新型金融组织不完全信息动态博弈

为了能更加清晰地体现借贷过程，有必要基于现实信贷程序，进行农户、政府和农村新型金融组织不完全信息动态博弈，将博弈分为申贷阶段和还贷阶段，各主体行动有先后之分，根据博弈树模型求解博弈结果，并对博弈结果进行分析。

1. 博弈前提

（1）博弈活动参与者分别为农户、政府、农村新型金融组织，且三方均为理性者，在给定条件下追求利益最大化。

（2）博弈研究双目标下三方博弈为不完全信息动态博弈。在博弈过程中，农户、政府、农村新型金融组织信息是不对称的，农户对自身还贷能力以及意愿较为清晰，政府和农村新型金融组织对农户真实状况缺乏了解，为此，农户

在博弈过程中具有信息优势。本博弈为三方动态博弈，因此，博弈活动的三个参与者行动有先后，先行动的一方传递信息给后者，后者根据其提供信息进行决策。

（3）本博弈为非合作博弈，三方参与者中两两之间不存在任何形式的共谋及串谋。

（4）博弈过程中，政府在提供公共服务和社会福利方面起主导作用，但其目的不是盈利，因此，下文并未考虑政府成本。

2. 申请贷款阶段农户、政府、农村新型金融组织的博弈分析

假设：在农户向农村新型金融组织贷款阶段，农户的行动空间为（申贷，不申贷），农户向农村新型金融组织申请贷款的概率为 P_1，不申请贷款的概率为 $1-P_1$。政府的行动空间为（支持，不支持），政府支持决策不仅包含政府支持和鼓励农户申请贷款，还包含政府对农村新型金融组织所面临的贷款风险给予的补贴以及提高农村新型金融组织贷款意愿等，政府不支持决策表示政府不鼓励农村新型金融组织给予农户贷款，政府支持的概率为 P_2，不支持的概率为 $1-P_2$。农村新型金融组织的行动空间为（放贷，不放贷），在政府支持的情况下，农村新型金融组织向农户放贷的概率为 P_3，政府不支持的情况下，农村新型金融组织向农户放贷的概率为 P'_3，显然 $P_3>P'_3$。

在申请贷款阶段，若农户选择不申请贷款，则三方收益均为 0，若农户选择申请贷款，但农村新型金融组织选择不放贷，则三方收益也均为 0。若农户申请贷款，政府支持的情况下，农村新型金融组织选择放贷，则农户、农村新型金融组织、政府三方的收益分别为 R_1、R_3+S-L、R_2-r_2，其中，R_1 为农户贷款所取得的贷款收益，R_3 为农村新型金融组织贷款的利息收益，S 为政府针对农村新型金融组织所面临的风险所给予的补贴，L 为农户在偿还贷款时违约给农村新型金融组织带来的损失，R_2 为农村新型金融组织贷款给农户所带来的社会福利，r_2 为农户在偿还贷款时违约所带来的社会福利损失。若农户申请贷款，政府不支持，农村新型金融组织依然给予放贷，则农户、农村新型金融组织、政府三方的收益分别为 R_1-C_1、R_3-L、R_2-r_2，C_1 为政府不支持的情况下，农户向农村新型金融组织贷款所增加的成本，且 $0\leqslant C_1\leqslant R_1$。

根据假设可以得到在农户向农村新型金融组织申请贷款阶段的三方博弈树，如图 4-2 所示。

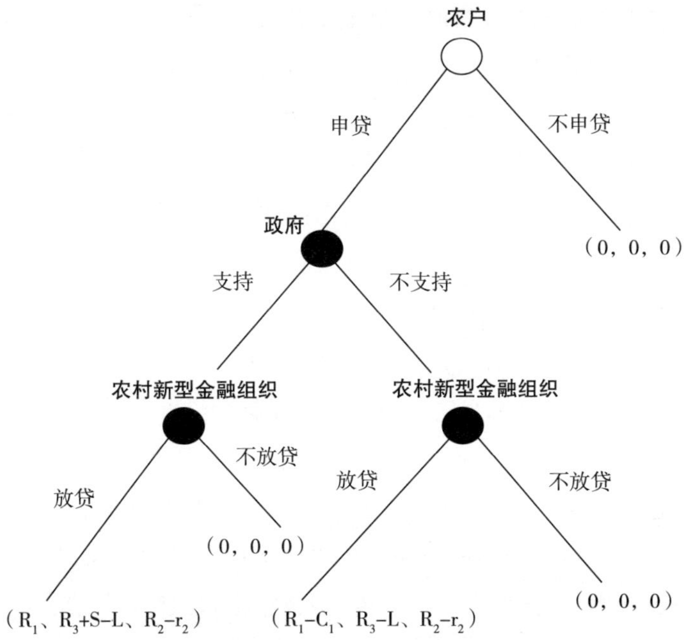

图 4-2　农户向农村新型金融组织申请贷款阶段的三方博弈树

根据图 4-2 中的博弈树可得出：

农户向农村新型金融组织申请贷款的期望收益为：

$$E_1=P_2P_3R_1+(1-P_2)P'_3(R_1-C_1) \tag{4-1}$$

农户不向农村新型金融组织申请贷款的期望收益为 0，当 $E_1>0$，农户会选择向农村新型金融组织申请贷款，可得：

$$C_1<[(P_3-P'_3)P_2R_1+P'_3R_1]/(P'_3-P_2P_3) \tag{4-2}$$

由式（4-2）可得，农户是否申请贷款与在政府不支持条件下农户贷款成本 C_1、政府选择支持的概率 P_2 以及农户贷款收益 R_1 有关。在政府选择不支持条件下，农户贷款成本便增大，即式（4-2）左侧 C_1 增大，则式（4-2）更难以成立，导致农户向农村新型金融组织贷款意愿减弱。在政府选择支持条件下，支持概率 P_2 越大，农户贷款收益 R_1 越高，式（4-2）右侧越大，式（4-2）越容易成立，农户向农村新型金融组织贷款意愿越强。这充分说明，政府采取支持政策将会提高农户的贷款意愿，特别是在当前金融组织对农户申请贷款设置高门槛的情况下，若缺少政府的政策支持，农户将会产生较高的贷款成本，导致农户的贷款收益与贷款成本不成正比，农户将不会选择向农村新型金融组织贷款。但在现实中，农户即使面临较高的贷款成本，由于资金极度短缺，并缺少其他的资金来源，农户也依然会选择贷款。这样不仅加重了农户的生产经营负担，同时使农村新型金融组织贷款也面临较大风险。所以，政府的政策支持将有效降低农户贷款融资成本，有利于农户更好地从事农业生产。

农村新型金融组织放贷的期望收益为：

$$E_2=P_1P_2(R_3+S-L)+P_1(1-P_1)(R_3-L) \tag{4-3}$$

当 $E_2>0$ 时，农村新型金融组织将会选择放贷，可得：

$$L<P_2S+R_3 \tag{4-4}$$

由式（4-4）可得，农村新型金融组织是否放贷与其面临的损失 L、贷款利息收益 R_3 以及政府对农村新型金融组织所面临风险的补贴有关。农村新型金融组织贷款利率越高、政府对农村新型金融组织风险补贴越多，式（4-4）右侧越大，则不等式（4-4）越容易成立，农村新型金融组织选择放贷的意愿便越强；反之，农村新型金融组织的放贷意愿就越弱。这充分说明，政府政策对于农村新型金融组织贷款意愿意义重大，政府可通过增加风险补贴的形式对农村新型金融组织给予支持，提高农村新型金融组织放贷意愿，从而实现引导农村新型金融组织向农户放贷的目的。

政府的期望收益为：

$$E_3=P_1P_2P_3(R_2-r_2)+P_1(1-P_2)P'_3(R_2-r_2),\ r_2\geqslant 0 \tag{4-5}$$

当 $E_3\geqslant 0$ 时，政府会选择支持政策，可得：

$$[P_1P'_3+P_2P_1(P_3-P'_3)](R_2-r_2)>0 \tag{4-6}$$

由式（4-6）可知，因为 $P_3>P'_3$，因此，要想不等式成立，需要满足 $R_2>r_2$，即政府的期望收益取决于 R_2-r_2。当 $R_2>r_2$ 时，农村新型金融组织向农户贷款的社会福利大于损失，政府可以获得社会福利，政府选择支持意愿增强，最终采取支持政策。这充分说明，农村新型金融组织向农户放贷，在还贷阶段可能会面临农户违约的风险，因此，政府支持农村新型金融组织放贷不总会取得好的社会福利。所以，在政府支持农村新型金融组织向农户贷款的过程中，需要做好农户贷款前的审查工作，并加强贷款后的管理。

3. 偿还贷款阶段农户、政府、农村新型金融组织的博弈分析

假设：在农户偿还贷款阶段，政府的行动空间为（支持，不支持）。政府支持行为不仅包括通过减免税收来鼓励农户偿还贷款，也包括在农户违约时，采取政策支持农村新型金融组织追索贷款，减少农村新型金融组织损失。政府采取支持的概率为 P_4，不支持的概率为 $1-P_4$。农户的行动空间为（违约，还贷）。在政府选择支持的情况下，农户偿还贷款的概率为 P_5；在政府选择不支持的情况下，农户偿还贷款的概率为 P'_5。农村新型金融组织的行动空间为（追索，不追索）。在政府选择支持的情况下，农村新型金融组织追索贷款的概率为 P_6；在政府选择不支持的情况下，农村新型金融组织追索贷款的概率为 P'_6。并且 $P_5>P'_5$，$P_6>P'_6$。

政府选择支持的情况下，若农户还贷，则政府会给农户提供奖励 R_4，同时政府也会得到较大的社会福利 R'_2，农户、农村新型金融组织、政府三方博弈的收益分别为 R_1+R_4，R_3+S，R'_2。若农户违约，农村新型金融组织选择追索贷款，且会最大程度地减少追索成本，假定农村新型金融组织追索成本为 0，追索成功后，农户将面临处罚，假定收益为 0，农户违约造成社会福利损失，假定政府收益为 R''_2，且 $R''_2<R'_2$，则这时三方收益为 0，R_3+S，R''_2。若农户违约，农村新型金融组织选择不追索贷款，则会损失本金，三方收益为 R_1+M，R_3+S-M，R''_2。①

政府选择不支持的情况下，若农户还贷，农户无法得到政府提供的奖励，政府却依然能得到社会福利 R'_2，农户、农村新型金融组织、政府三方博弈的收益分别为 R_1-C_1，R_3+S-M，R'_2。若农户违约，农村新型金融组织选择追索贷款，但是无法得到政府的支持，农村新型金融组织追索贷款时将会产生成本 C_2，农户可能会由于拖延，留下部分收益为 R'_1，则此时三方收益为 R'_1-C_1，R_3+S-C_2，R''_2；若农户违约，农村新型金融组织选择不追索贷款，则会损失本金，三方收益为 R_1+M-C_1，R_3+S-M，R''_2。

根据假设可以得到在农户向农村新型金融组织偿还贷款阶段的三方博弈

① 注：本动态博弈仅考虑到单期借款、还贷情况，没有进行多期重复博弈，在还贷借贷过程中，若农户违约，农村新型金融组织选择不追索贷款，则农户收益会比较大，但没有加入政府对农户违约的惩罚，在多期重复博弈中，农户考虑到违约会受到政府的惩罚，会选择还贷，此情况下文同样适用。

树，如图 4-3 所示。

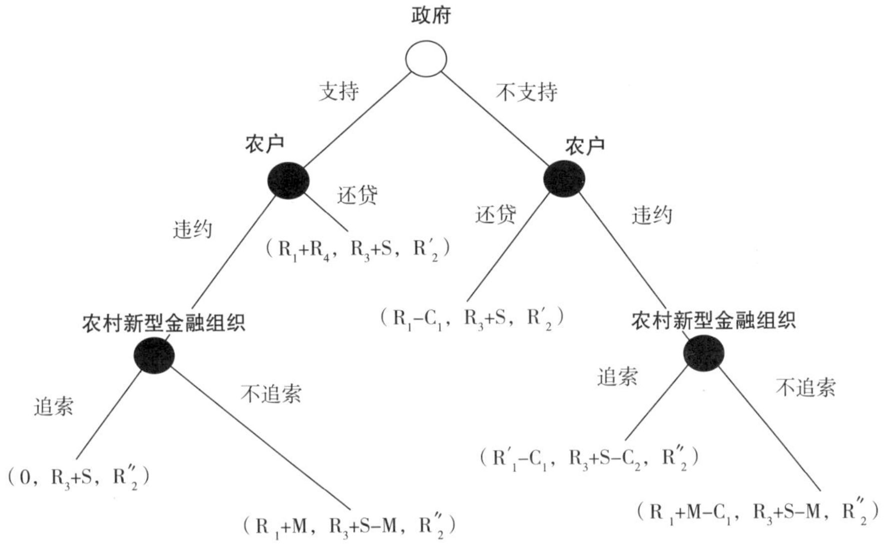

图 4-3　农户向农村新型金融组织偿还贷款阶段的三方博弈树

农户还贷的期望收益：

$$E'_1=P_4(R_1+R_4)+(1-P_4)(R_1-C_1) \tag{4-7}$$

农户违约的期望收益：

$$E''_1=P_4(1-P_6)(R_1+M)+(1-P_4)[(1-P'_6)(R_1+M-C_1)+P'_6(R'_1-C_1)] \tag{4-8}$$

当 $E'_1 \geqslant E''_1$ 时，农户会选择还贷，可化简得：

$$R_4>P'_6(1-P_4)(R'_1+2C_1)/P_4-P'_6M(1+R_1/M)/P_4-(P_6-P'_6)(R_1-M) \tag{4-9}$$

由式（4-9）可知，农户是否选择还贷与政府对农户还贷的奖励 R_4、农户贷款的收益率 R_1/M、政府选择不支持且农村新型金融组织选择追索后的农户收益 R'_1、农户贷款成本 C_1 有关系。政府对农户还款的奖励越多，式（4-9）右侧数值越小，不等式越容易成立，农户还款的意愿越强。政府选择不支持且农村新型金融组织选择追索农户收益越多，农户贷款成本越高，式（4-9）右侧数值越大，不等式越不容易成立，农户违约的意愿便越强。这充分说明，政府应给予农户相应的还款补贴，在减轻农户负担的同时，可鼓励农户积极还贷；同时降低农户贷款成本，健全制度追索农户因为违约带来的损失，减少农户违约所得，达到降低农户违约意愿的目的。

当农户违约时，农村新型金融组织追索的期望收益为：

$$E'_2=P_4(R_3+S)+(1-P_4)(R_3+S-C_1) \tag{4-10}$$

农村新型金融组织不追索的期望收益为：

$$E''_2=P_4(R_3+S-M)+(1-P_4)(R_3+S-M) \tag{4-11}$$

当 $E'_2>E''_2$时，农村新型金融组织将会选择追索，化简可得：

$$C_2<M/(1-P_4) \tag{4-12}$$

由式（4-12）可得，农村新型金融组织是否选择追索贷款，与追索贷款所需成本 C_2和政府支持强度 P_4有关。追索贷款所需成本越低，政府支持强度越大，式（4-12）越容易成立，农村新型金融组织的追索意愿越强；反之，其追索意愿则越弱。这充分说明，政府应该加大支持强度，鼓励农村新型金融组织追索贷款，同时降低农村新型金融组织追索成本，促使农户如约还款，以降低农村新型金融组织的贷款风险。

政府选择支持的期望收益为：

$$E'_3=P_5R'_2+(1-P_5)[P_6R''_2+(1-P_6)R''_2] \tag{4-13}$$

政府选择不支持的期望收益为：

$$E''_3=P'_5R'_2+(1-P'_5)[P'_6R''_2+(1-P'_6)R''_2] \tag{4-14}$$

当 $E'_3>E''_3$ 时，政府会在农户偿还贷款阶段选择支持政策，化简可得：

$$R'_2>R''_2 \tag{4-15}$$

由于 R'_2为农户如约还款后政府所获得的社会福利，R''_2为农户违约后政府所获得的社会福利，而农户违约必然会产生社会福利损失，因此 $R'_2>R''_2$。这充分说明，在农户偿还贷款阶段，为了使社会福利最大化，政府的最优决策为采取支持政策。

4. 结论及建议

笔者根据农户、政府、农村新型金融组织三方不完全信息动态博弈，使农村新型金融组织面临的“经济利益”和“社会责任”双重目标矛盾得以协调。

通过三方博弈可以看出，农村新型金融组织为了实现其经济利益，需给农户提供贷款，但在农户还款阶段，由于农村新型金融组织与农户信息不对称、政府缺乏引导、追索贷款的成本等因素，可能面临农户违约的风险；农村新型金融组织为了履行其社会责任，需在政府引导下，担负起社会责任，提高社会福利。农村新型金融组织无法单纯通过自身调节解决这一问题，为了实现经济利益和社会责任共赢，可从以下几个方面采取措施：

（1）农户角度。努力做好自身的运营发展，信息公开透明，做到守信誉，若要申请长期贷款，信誉尤为重要，可以与农村新型金融组织发展长期的合作关系，同时，拓宽融资渠道，争取政府政策支持。

（2）农村新型金融组织角度。放贷前要加强与农户的信息交流，对农户经营状况做充分详细的调查，对贷款风险做出估计，保证贷款收益实现。同时，充分利用国家政府政策，贷款支持农户生产发展，实现社会福利，履行其社会责任。

（3）政府角度。发挥引导作用，建立信息公开的金融市场，采取支持政策，鼓励农村新型金融组织向农户贷款，建立健全金融法律法规，成立社会信贷担保组织，保障三方利益，增加社会福利，实现三方共赢。

第三节　双重目标对农村新型金融组织的内在要求①

一、双重目标对农村新型金融组织内部组织结构的要求

1. 充分发挥股东（社员）大会的实质性支农作用

股东（社员）大会是农村新型金融组织的最高权力机构，它由全体股东

① 引自：袁洁，杨亦民，刘志成. 双重目标对农村新型金融组织发展的内在要求——基于经济利益与社会责任的视角［J］. 农村经济，2012（8）.

（社员）组成，定期或不定期对其重大事项履行决策和决定权，是农村新型金融组织实行民主管理的基本形式。从股东（社员）大会的作用机制来看，一般实行的是一股一票制，股东（社员）依据自身的投资份额行使表决权，由于大股东拥有优势股份比例，因此在股东（社员）大会上，往往大股东的决策意愿更容易实现。在农村新型金融组织的设立条件中，明确规定村镇银行的发起人之一必须是银行业金融机构，农村小额贷款公司的主发起人必须是企业法人，农村资金互助社的发起人必须是符合规定社员条件的农民、农村小企业。从农村新型金融组织的主要股东构成来看，不管是银行业金融机构、企业法人，还是天然的农民，他们都是自主经营、自负盈亏、追求经济利益最大化的主体，并不天然肩负着强力支农的法律和社会责任。在价格杠杆和市场机制失灵的情况下，农村新型金融组织要实现“经济利益”和“社会责任”双重目标必须充分发挥股东（社员）大会的实质性支农作用。不仅要在相关法律制度上赋予股东（社员）大会最高权力和地位，更重要的是，要在实际业务决策中充分发挥股东（社员）大会的实质性作用，消除以行政任命代替民主选举，严格遵守理事会和经理层的职权界限，防止理事长的越权干涉，一人独大，规避“内部人控制”行为。希望通过股东（社员）大会，选举出既了解村镇农户和农村小微企业的信贷需求，又通晓农村金融业务的工作人员担任农村新型金融组织的管理者，使他（她）们能够肩负起全面服务农村小微企业和满足广大农户的金融需求的责任。

2. 切实加强内外部监督职能机构的建设

面向农村、农业和农民是农村新型金融组织设立的宗旨，服务对象定位于广大农户和农村小微企业，是其有别于其他金融机构的重要特征。由于自然条件的优劣在很大程度上影响着农户和农村小微企业的融资能力和偿还能力，因此，农村新型金融组织会比传统金融机构面临着更复杂和更特殊的信用风险、经营风险、操作风险以及政策风险。通过建立和健全相应的内部监督职能机构，在很大程度上可以防范和控制这些风险，在深入拓展农村金融市场的基础上，将可预计的风险损失降低到最小，这样有助于维持农村新型金融组织的稳定和双重目标的实现。具体来说，为实现增加农户福利（社会责任）和维持自身可持续发展（经济利益）的双重目标，农村新型金融组织需从内外两个维度实施有效监督。从内部监督看，一是将传统商业银行的主要监管指标——不良资产率，调整为资本充足率和资产负债比例两个监管指标；二是对入职员工实行严格的资格认证制度，并定期举行业务培训，从整体上尽快提高员工的业务素质。从外部监督看，一是通过设立专门的适应农村新型金融组织要求的外部监督机构，对其市场准入、经营指标和责任履行等实施严格的、持续的和有差别的监管措施和机制；二是通过营造适应双重目标实现的外部监督环境，降低农村新型金融组织面临的各种风险。总之，通过加强农村新型金融组织的内部监管与外部监督以及它们之间的相互协作，能够有效地防范农村金融市场中出现的各类金融风险和组织忽视社会责任的行为。

3. 努力保持组织结构设置的灵活性和多样性

组织结构是组织的全体成员为保证组织目标的实现，在责、权、利方面形成的分工协作结构体系。由于农村新型金融组织成立和发展的时间还不长，相比传统金融机构来说，其组织规模较小，组织结构简单、灵活，有别于传统金融机构的“三会一层”模式。双重目标的实现要求农村新型金融组织根据自身特点设置灵活、多样的组织结构，以适应农村金融市场环境的变化，并做出及时调整。由于农村新型金融组织的服务对象主要是农村的广大农户和小微企业，一方面它们单次的融资能力往往较弱，需要相应的组织结构提供适宜的产品设计支持，满足其资金需求；另一方面灵活的组织结构能够最大程度地降低其运营成本，提升其经济利益。因此，位于不同地域的农村新型金融组织应该设置不同的组织结构，而不拘泥于某种单一的组织结构模式。比如在农村经济发达的地区，由于资金池充足，农村新型金融组织较为容易实现其经济利益目标，它们就应该通过专门设立服务“三农”的职能部门将资金的支持重点放在支农服务的社会责任方面，推进双重目标的协调发展；在农村贫困地区，农村新型金融组织就应该通过组织形式上的创新，加强与政府之间通力合作，争取获得政府部门的更多扶持政策、机制和资金，形成以信息联盟为基础，产、供和资金互助相结合的合作体系，积极推广合作信贷模式，为其拥有长期稳定的客户群和可持续发展奠定基础。

二、双重目标对农村新型金融组织治理结构的要求

1. 形成相关利益者治理机制，提升相互监督制衡水平

在我国农村新型金融组织发展中，并没有充分考虑利益相关者的利益诉求和决策建议，相应的法规制度中也没有赋予债权人、农户和职工等相关利益者参与治理的权利。国内外现代企业发展的实践表明，相比单一的股东治理，充分发挥企业利益相关者的治理积极性，有利于实现企业可持续发展目标。倘若在农村新型金融组织的治理结构中适当确立各类利益相关者的地位和权利，明确他们的知情权和监督权，充分调动他们参与内部治理和管理日常事务的积极性，形成和谐一致的利益分配关系，有利于促进农村新型金融组织“双重目标”的实现。具体来看，让主要或核心债权人参与农村新型金融组织的公司治理，可以利用债权人的信息优势和管理经验对其高层管理者实施有效监督。农村新型金融组织在治理中如果注重债权人的积极参与，有利于双方构建起相互信任机制，形成稳定的资金交易关系，避免债权人机会主义行为的发生，从而降低农村新型金融组织的交易成本。广大农户既是农村经济发展的主体，也是农村新型金融组织的主要服务对象，在治理结构中充分考虑广大农户代言人的利益诉求，既是保证广大农户获取贷款权益的有效途径之一，也是农村新型金融组织了解服务对象信贷意愿的重要渠道，这样有利于农村新型金融组织社会目标的实现。员工是企业内部管理的实际参与者，拥有全方位的内部信息优势，吸纳内部员工参与企业治理能够全面改善监督动力不足和信息不对称等问题，形成有效的内部制衡机制，降低委托代理成本，有利于增强农村新型金融组织的盈利能力和社会责任。总之，建立和健全相关利益者的治理机制，既是完善农村新型金融组织内部治理结构的必然选择，更是其实现“双重目标”的内在要求。

2. 构建科学合理的考核激励机制，提高内部管理人员的积极性

自各类农村新型金融组织设立以来，就沿着传统金融机构的思路，设计其考核激励机制，呈现出重经营绩效、轻社会责任的特点。这样在实践中就容易出现管理者盲目追求经营业绩突破，而忽视收益低、经营成本高的贫困农户信

贷需求，容易忽视企业的内部控制体系建设和风险防范措施的制定，给农村新型金融组织的业务经营埋下了不小的风险隐患。农村新型金融组织要实现可持续健康发展，就必须改革现行的考核激励机制，将履行社会责任和内部控制管理与经营业务拓展放在同等重要的位置上设计相应的考核指标，一方面必须将社会责任和内部控制评价指标与经济利益挂钩，另一方面必须将管理者的个人利益与农村新型金融组织的整体经济效益和经营业务的支农力度挂钩，只有这样才能促使农村新型金融组织的每个员工重视社会责任的履行和内部控制建设，增强金融风险防范意识。总之，构建科学合理的考核激励机制是农村新型金融组织“双重目标”实现的内在要求。

3. 建立完善有效的内部控制体系，规范内部管理行为

内部控制是一个单位组织为了保障其各类资源的安全、完整，确保各部门之间形成协调合理的行为，利用内部分工而产生的相互制约、相互联系的关系，并形成一系列具有控制职能的方法、措施和程序。自 2006 年末开始设立村镇银行、农村小额贷款公司和农村资金互助社等农村新型金融组织，这些农村新型金融组织已走过了 10 年的发展历程。作为农村新型金融机构，理应像其他传统金融机构一样建立起非常完善的内部控制体系，但是在现实中诸多农村新型金融组织并没有构建起有利于服务“三农”、保障“经济利益”和“社会责任”双重目标协调实现的内部控制体系，致使农村新型金融组织在服务“三农”过程中经常出现“目标偏离”的情况。例如，根据《村镇银行管理暂行规定》，为了规范内部管理和决策行为，村镇银行的董事会和经营管理层可设置审计监督、薪酬管理和风险管理等不同专业委员会，但是现实中基本上没有建立起来，仍然只保留着传统的“三会一层”的监管体系。大多数农村新型金融组织的人员结构是一般实行大股东委派董事会成员和行长，其他工作人员在当地进行招聘，这些招聘人员内部控制能力不足、风险意识淡薄，容易以感情代替内部控制制度，致使业务操作环节上的监控形同虚设，从而产生各类金融风险。另外，由于农村新型金融组织的业务发展才刚刚起步，往往面临着较大的同业竞争压力，致使其管理者在经营理念上容易出现重业务轻管理的偏差，盲目追求业务规模的扩张，忽视风险管理和防范，也会导致各类风险的增加。从某种意义上说，内部控制体系的缺乏不仅会使农村新型金融组织积累大量的金融风险，可能还会改变其设立的根本宗旨。因此，健全内部控制体系是农村新型金融组织实现可持续发展的必然要求，主要做好以下三点：一是明确界定股东大会、董事会、监事会以及经营管理层之间的职责和运行规则，形成相互制约机制。二是成立由监管部门牵头的经营风险评价机构，及时披露各项经营指标和各类监管要求等信息，提高农村新型金融机构的透明度，提高市场知名度。三是建立包含“经济利益”和“社会责任”双重目标相关指标的风险预警系统，进一步完善贷款审批、财务收支、风险控制等环节，切实加强内部控制与管理。总之，建立完善有效的内部控制体系，规范内部管理行为，是农村新型金融组织长远发展和建设的一项重要任务，更是实现“双重目标”的内在要求。

三、双重目标对农村新型金融组织运行机制的要求

1. 设立科学合理的资本准入机制

资本对企业的重要性不言自明，它是企业发展的血液，已经全方位渗透到企业的日常经营管理之中，倘若资本出了问题，企业就会很快枯萎凋谢。然而，资本在企业中要想得以畅通流转，必须以科学合理的资本准入制度和机制为前提，因此，确立一个适宜的资本准入制度和机制是影响农村新型金融组织可持续发展的基础性条件。为了促进和规范农村新型金融组织的发展，国家金融业监管机构对各种类型的农村新型金融组织的资本准入做出了明确规定，例如设立村镇银行时，其发起人或出资人中应至少有 1 家银行业金融机构，在县（市）设立的，其注册资本不得低于 300 万元人民币，在乡（镇）设立的，其注册资本不得低于 100 万元人民币等；设立小额贷款公司时，组织形式为有限责任公司的，其注册资本不得低于 500 万元人民币，为股份有限公司的，其注册资本不得低于 1000 万元人民币，其投资人由自然人、企业法人和其他社会组织构成，不吸收公众存款；设立农村资金互助社时，在乡（镇）设立的，其注册资本不低于 30 万元人民币，在行政村设立的，其注册资本不低于 10 万元人民币，其投资人由乡（镇）、行政村农民和农村小企业自愿入股组成，发起人不少于 10 人。由此可见，就村镇银行来说，为了快速促进其发展，规避

经营风险，国家政府部门在村镇银行设立的发起人中要求必须由银行业金融机构作为其发起人和最大股东，这必然会受传统商业金融机构惯性思维的影响和延续以往陈旧的经营管理模式和理念，不利于其针对农村经济发展特征，开拓和布局农村金融市场。另外，相比传统商业金融机构，农村新型金融组织的资本准入门槛虽然降低了很多，但是，构建科学合理的资本准入制度和机制，吸引更多的民营资本进入农村金融领域，充分利用民间资本的“地缘性”优势，可能更有利于满足农村的多元化金融需求。同时，也是农村新型金融组织“双重目标”实现的内在要求。

2. 确立合理的利率定价机制

农村新型金融组织是为农业、农民和农村经济发展服务的社区性小型金融机构。为适应新时期农民和农村经济发展的需要，农村新型金融组织逐渐探索形成了一套较为符合农村发展特点的小额信贷模式，为解决农民融资难、促进农民增收发挥了重要作用。但是，由于专业人才的缺乏，大部分信贷人员未能有效掌握利率风险管控技能，对浮动利率定价机制的形成、浮动标准的确定、自身资金成本的测算以及当地农村区域的经济运行状况等缺少相应专业知识的支撑，从而影响其贷款产品利率定价的科学性和合理性。比如，在国家宏观政策层面上，已经放开了金融机构的贷款利率上限，根据现行的法定标准，基准利率 4 倍以内的利率定价都属于法律保护范围。但是，在实践操作中，农村新型金融组织一般只是简单地采取了高利率策略，并没有依据当地农村经济发展水平、不同类型客户之间的差异性进行科学分析，制定出有针对性的差异化利率政策，其直接后果就是“一刀切”的高利率政策产生了严重的挤出效应，使众多的满足收益率要求的“三农”投资和正常投资者无法获得融资支持，导致农村新型金融组织可能无法实现财务上的可持续和服务“三农”的双重目标。由此可见，农村新型金融组织应该根据当地经济发展状况、客户收入水平和自身效益等方面，积极探索合理可行的利率定价机制，根据市场化和风险覆盖原则，克服短期化市场行为，切实满足实现“双重目标”的内在要求。

3. 构建完善的内部风险管控机制

从本质上讲，完善的内部风险管控机制就是要解决农村新型金融组织内部管理中风险与控制程度的匹配关系，提升农村资金资源的整合效率，保障其经营目标的实现。就农村新型金融组织而言，它们作为一类新生的金融组织，其面临的经营管理风险要远高于传统商业型金融机构。农村金融市场历来就是一个高风险集聚的市场，一是农业生产的天然高风险性，农产品价格的较大波动性，使涉农贷款风险加大；二是在长期的金融抑制下，我国农村地区的广大农户缺乏科学的金融理念，等、靠、要的思想较为突出，甚至将金融信贷当作扶贫救济的财政补贴，农户们的贷款意识强，但还款意愿不强，从而增加了涉农信贷的风险；三是农村地区信贷需求的目标客户往往较为集中，并且具有很大程度上的同质性，金融风险出现后的示范效应较强，难以分散风险。目前农村新型金融组织面临的风险主要表现为：因农业的弱质性和无抵押贷款形成的信用风险，因资本规模小形成的流动性风险，因人员素质较差形成的操作风险以及因政府行政干预过度形成的政策风险等。正因为农村金融市场面临的高风险性，农村新型金融组织作为农村金融市场的一股新兴力量，一定要强化风险防范意识，构建完善的内部风险管控机制，坚持审慎经营，不断增强防范和抵御风险的能力，努力使农村新型金融组织践行服务“三农”的基本宗旨和符合“双重目标”的基本要求。

四、双重目标对农村新型金融组织运行环境的要求

1. 健全农村金融法律法规体系

法律法规作为一种行为准则，具有引导、规范、衡量和判断组织或个人行为是否合法合规的作用。从广义上讲，是指不同层级的一切规范性文件。就农村金融市场来说，目前，我国尚未制定出一部权威的有关农村金融的专门法律。近十年来，为促进农村金融发展，推动农村经济增长，主要依赖中国银监会制定颁布的一系列的政策法规。例如，中国银监会颁发了《农村商业银行管理暂行规定》和《农村合作银行管理暂行规定》的通知（银监发〔2003〕10号），规定了设立农村商业银行应该具备的条件、股权设置、组织机构、经营管理、机构变更与终止等；为解决我国现阶段农村地区银行业金融机构网点覆盖率低、金融供给不足、竞争不充分等问题，中国银监会颁发了《关于调整放宽农村地区银行业金融机构准入政策更好支持社会主义新农村建设的若干

意见》（银监发〔2006〕90号），主要是调整放宽了金融机构准入政策及其具体内容、政策的适用范围和原则，随后，又针对不同类型的农村新型金融组织出台了各自的管理暂行规定；中国银监会办公厅2012年连续发布了三个关于农村中小金融机构的指导意见，2013年和2014年又颁布了关于做好农村金融服务工作的通知，就改善农村金融服务、加大强农惠农富农金融支持力度、加强对现代农业发展的金融支持提出了一些具体要求。这些政策法规为促进我国农村金融服务体系发展起到了很好的作用，但是它们无一例外出自银监会——金融监管机构，相比农村金融组织肩负的历史使命和社会责任来说，显然针对农村金融市场服务需求的法律法规体系缺乏顶层设计，在更高的宏观层面上缺少统筹规划和法律约束。比如，在现有的法律法规体系中，并没有明确农村新型金融组织的法律地位，也没有相关的法律规范新型农村金融机构的退出机制和程序，难以及时化解面临的各种金融风险。现行监管思路基本上是借鉴城市商业性金融机构而形成，致使农村新型金融组织“为农民、农业和农村经济发展提供金融服务”的设立宗旨难以在广大农村得以顺利落实，从而造成双重目标的偏移。由此可见，从“双重目标”的定位出发，针对农村新型金融组织和“三农”经济发展的独特性要求，加强农村金融法律法规体系建设，通过出台专门的农村金融法律法规锁定农村新型金融机构的经营范围和目标客户群体，致力于农村小微企业和广大农户的细分市场，解决农村资金的供需失衡矛盾，形成有利于“双重目标”实现的农村新型金融组织运行的法律法规环境。

2. 改善和优化农村信用环境

良好的信用环境是农村新型金融组织生存和发展的重要支撑。近年来，通过加强我国农村金融生态环境建设，我国农村信用环境建设取得了一定程度的进展，但是，仍然存在农村信用制度滞后、农村社会信用环境欠佳、农村信用评价体系不够完善、农村经济主体的信用意识淡薄等问题，致使农村出现了较多的金融债务悬空和逃废现象。农村地区信用环境建设的滞后极大地降低了农村新型金融组织的风险识别能力、业务经营能力和盈利能力，严重制约了农村新型金融组织农村信贷业务的拓展和农村金融市场的各方主体参与资金融通的积极性。由此可见，从根本上改善和优化农村信用环境，打造资金“洼地”，引导信贷资金更好地支持“三农”迫在眉睫，更是实现农村新型金融组织双重目标的内在要求。具体来说，一是从政府层面，着力加强农村信用制度和信用体系的建设，强化顶层设计，建立失信行为惩戒机制；二是从农村新型金融组织层面，着力加强自身信贷技术和支农力度机制建设，提升广大农民对农村新型金融组织的信任感和依存度；三是从服务对象层面，借助政府部门力量，通过多渠道宣传增强广大农户对农村新型金融组织的认识和了解，加强服务对象的金融培训，不断提升农村客户的信用意识和金融理念。总之，改善和优化农村信用环境，既是满足农村新型金融组织自身可持续性发展的需要，也是促进农村新型金融机构为农村资金需求者提供资金投放和优质金融服务的需要，最终实现农村新型金融组织和服务对象的双赢。

3. 加强政府宏观政策支持

“三农”的弱势特质，决定了农村金融在整个金融行业中的弱势地位，而农村新型金融组织作为中国农村金融“新政”的新兴产物，其先天的弱势性特征和地位更不应该被国家政府所忽视。一方面，农村新型金融组织肩负着以服务“三农”为宗旨，切实、有效地为农村小微企业和农户提供全面金融服务的社会责任；另一方面，农村新型金融组织作为拥有独立法人资格的商业性的金融企业，必须坚持遵循“自主经营、自负盈亏、自担风险、自我约束”的原则，追求自身经济利益目标的实现，在此目标驱动下，就难以保证农村新型金融组织不偏离服务“三农”、支持新农村建设和乡村振兴的根本宗旨。在“三农”和农村新型金融组织自身“双重弱势”特性的影响下，必然导致农村新型金融组织在业务的经营管理上面临更高的金融风险，此时单纯依靠农村新型金融组织就难以协调“经济利益”和“社会责任”双重目标的共同实现，必须获得国家政府部门相关宏观政策的支持。然而，就目前的现状而言，国家对农村新型金融组织的政策支持还缺乏系统性和连续性。近年来，为有效解决农村地区金融供给不足的困境，我国日益重视财税政策对农村金融机构的激励和引导。例如，财政部、国家税务总局 2010 年颁发了《关于农村金融有关税收政策的通知》，对农村信用社（农村商业银行）、村镇银行、农村资金互助社等涉农金融机构和特殊涉农业务实行税收优惠；为引导金融资本入农，支持农村贫困农户，中央财政自 1998 年起提供扶贫贷款贴息资金，并不断改革和创新扶贫贷款贴息制度；为扶持农村新型金融组织的发展，财政部自 2008 年开始实行定向费用补贴制度；另外，从 2016 年 5 月 1 日起，“营改增”的税制改革已在金融业开始试点，必将对金融服务业的长远发展产生深刻影响。但是，从整体上来看，现行农村新型金融的财税支持政策仍然存在诸多制度性缺陷：一是财政的金融支持政策与其管理体制之间存在较为严重的不适应性，这必然影响财政支持政策的落地效果和执行的可持续性；二是税收的金融支持政策与其金融税制之间存在较为严重的结构性矛盾，这必然影响农村金融机构涉农信贷投放的积极性；三是财税的金融支持政策对农村新型金融组织的优惠力度倾向性不够，这必然影响农村新型金融组织在多元化农村金融市场体系中的地位；四是财税金融支持政策的短视性与农村新型金融组织的可持续发展之间存在较为严重的不适应性，这必然影响财税金融支持政策的长效性作用。由此可见，科学合理的政府宏观政策支持，是农村新型金融组织“双重目标”实现的内在要求。

4. 大力发展涉农保险业务

涉农保险是专为职业农民、专业大户或农村小微企业等新型农业经营主体在从事种植业、林业、畜牧业和渔业等涉农行业过程中，对遭受自然灾害、意外事故疫病、疾病等保险事故所造成的经济损失提供保障的相关保险。“三农”频繁的自然灾害是所有农村金融机构共同面临的风险，由于农村新型金融组织设立的时间太短，规模较小，还缺乏独立承受自然灾害损失的能力和风险管控的经验，因此，相比传统型农村金融机构，农村新型金融组织面临的经营风险会更为严重。此时，急需保险公司大力发展涉农保险业务，帮助农村新型金融组织加大支农贷款力度，避免其“惜贷”行为的出现。但是，由于农业保险赔付率高、报酬率低，保险公司在商业化经营中始终以追求经济效益最大化为目标，因此，为响应政府开展的农业灾害救济项目外，保险公司很少涉足农业保险领域，农业保险业务并没有随着农村经济的蓬勃发展而日趋完善，反而是呈现出日益萎缩的态势，农业保险时常缺位。该局面在很大程度上提高了农村金融机构对农民、农业和农村企业的风险评估，使农村金融机构对“三农”贷款行为更加谨慎，这进一步加剧了农村金融供给与需求失衡的矛盾。因此，形成以政府为主导、专业保险公司和农户积极参与、农村新型金融组织有力配合的涉农保险机制，在政府的主导下大力发展农业保险业务，开发适应“三农”需要的农业保险产品和服务，积极探索建立多层次、立体式的农村农业保险体系，尽可能消除农村新型金融组织的后顾之忧，努力保持农村新型金融组织的健康运转和可持续发展，推动其“经济利益”和“社会责任”双重目标的实现。

五、双重目标对农村新型金融组织技术创新的要求

1. 创新小额信贷技术

长期以来，我国农村金融市场都难以有效满足广大农户和农村小微企业的融资需求，其主要障碍就是农村地区存量资本的不足和抵押担保物的缺乏，致使传统商业银行的正规信贷技术无法适应农户金融需求的内在要求，难以与其实现有效对接。在此背景下，国家有关政策部门希望通过设立农村新型金融组织，为农村金融市场引入新兴力量，试图借鉴国际先进经验，探索出一条适宜中国农村经济发展和农村金融市场特征的信贷技术创新之路。信贷技术是特定经济社会背景下农村新型金融组织开展业务的关键，它的产生与演化是该农村地区信贷客户的文化、地理、经济、社会等综合因素的必然结果，因此，信贷技术的创新，必须与其所处农村地区的实际情况相结合，才会具有真正的价值。农村新型金融组织面向的客户主要是贫困农户和遭受传统信贷歧视的经济主体，它们的信贷需求往往具有次数频繁，但数额小、抵押担保物缺乏等特征，因此，“小额信贷技术”的创新才是农村新型金融组织可持续发展的动力。然而，从我国农村新型金融组织的实际运作来看，其信贷技术的开发更多地沿用了传统商业银行的模式，很多地方都是简单的重复，没有针对农户的小额信贷需求特征开发出有效的运作模式。与国际上不断涌现的小额信贷新技术，比如联保贷款、正向动态激励技术以及担保、质押机制等还存在较大差距，我国农村新型金融组织在小额信贷技术创新中，应该具有更加宽广的视野，在国际经验借鉴和农村地区特征思考中，从一系列小额信贷技术工具箱中选择适宜的工具，并加以适应性改革，这样才能满足“双重目标”对农村新型金融组织的内在要求。

2. 创新业务产品

从当前农村新型金融组织的业务发展现状来看，其业务品种基本上局限于传统型存贷款业务，与传统商业性金融机构的业务产品存在明显的同质化现象。无论是具体信贷产品种类的设计与开发，还是信贷业务产品的管理模式和风险分担方式的运用，各类农村新型金融组织基本上沿用传统农村商业性金融机构的实践经验，没有很好地针对农村经济发展和不同类型农户的金融需求实际创新自身的业务产品，因此，农村新型金融组织的业务产品与广大农户特别是贫困农户的多元化金融需求目标存在着很大的差距。产品创新的目的就是通过改善或创造产品满足顾客需求。产品创新源于市场需求，从根本上说，产品创新的动力是技术推进和需求拉引共同作用的结果。在农村金融快速发展的新时期，随着农村金融市场体系的不断完善，农村新型金融组织在其业务经营中应充分思考当前农村金融服务需求呈现出的多样化、点多面广的特点，面向“经济利益”和“社会责任”双重目标协调发展定位，紧紧围绕农村金融服务客户满意度、便利度和可获得性的要求，不断提高自身差异化产品的设计水平和运用能力，重点将目标客户群体锁定为广大农户和农村小微企业，以先进的小额信贷技术为基础，设计出低成本、可复制、易推广的农村金融业务产品，才能在广阔的农村金融市场中获得立足之地，同时，这也是“双重目标”实现协调发展，对农村新型金融组织提出的内在要求。

3. 创新风险预警与控制技术

我国农村新型金融组织的信贷业务主要以信用贷款为核心，在农村金融生态环境较差的情况下，容易出现信贷业务的道德风险。目前，我国广阔农村地区的金融生态环境还很不尽如人意。众多农村金融客户的信用意识、法律意识淡漠，时常出现欠账不还，签字不认，逃、废、赖债等不良现象，使农村新型金融组织的信贷资金安全面临极大挑战。农村新型金融组织要实现可持续发展，必须在进一步健全内部风险管控机制的基础上，充分利用先进的信息技术，创新其风险预警与控制技术。具体来说，就是通过信贷风险信息的采集、风险辨识与管理、风险信息的传输、存储与分析、信贷风险的预警提示、信贷风险动态安全监控等指标体系构建农村新型金融组织的动态预警与控制体系，逐步建立起全面、准确、及时反映农村信贷风险动态变化的风险预警系统，及时识别信贷违规行为及其存在的主要缺陷，指导农村新型金融组织制定出相对应的纠正措施，将其信贷风险降到最低的限度。同时，应积极推行资产负债多元化，实现业务对象的多元化，降低信贷风险的集中度，通过信贷风险转移平台，分散系统性信贷风险，形成“风险共担”机制。由此可见，创新信贷风险预警与控制技术是农村新型金融组织“双重目标”协调发展的内在要求。

第五章　双重目标驱动下农村新型金融组织创新意愿的影响因素分析①

在知识经济时代背景下，创新作为一种适应性的变革，是企业和组织在激烈的竞争环境中获得生存和可持续发展的关键所在。以村镇银行、农村小额贷款公司和农村资金互助社为代表的农村新型金融组织作为一种新型的农村金融机构，要实现“经济利益”和“社会责任”双重目标的协调发展，在农村金融市场体系的激烈竞争中获得立足之地，就必须培育自身的创新能力，而农村新型金融组织创新能力的形成依赖于其基本单位的个体，也就是组织内部广大员工的开拓性素质。David（1998）认为倘若企业或组织长期忽视学习和创新活动的投资，它们就会跟不上科技变革的步伐，从而难以适应市场上顾客需求的变化，最终导致竞争优势的丧失，企业或组织缺乏可持续发展动力。从理论角度来看，有关金融创新特别是农村金融创新的研究主要集中在组织层面的创新，譬如有些学者基于金融产品和金融模式的视角探讨金融创新问题（郑寿明等，2016；马娟等，2016；李国祥等，2015）；有些学者基于体制机制变革的角度探索金融创新问题（马九杰，2015；尹龙，2005）。而很少关注个体层面的创新研究，在竞争日益激烈的农村金融市场，个体层面的创新无疑是农村新型金融组织最宝贵的人力资源，它有利于增强组织把握机遇、适应环境变化的能力，直接关系到组织的生存和发展（Amabile，1988）。目前对个体层面的创新研究主要集中在创新性行为表现上，而很少关注引发主体创新性行为的内心意愿。研究表明，员工的创新意愿是创新行为的前置性变量，对其创新行为

① 引自：杨亦民，高梅玉，王梓龙. 农村新型金融组织员工创新意愿的影响因素［J］. 西北农林科技大学学报（社会科学版），2018（2）.

具有重要影响，是其创新行为的最大推动力。因此，在双重目标驱动下，如何激发农村新型金融组织员工的创新热情、创新意愿和创新行为，从而提升农村新型金融组织的行业竞争力，已成为该类型组织管理的关键任务之一。

笔者将计划行为理论（Theory of Planned Behavior，TPB）引入企业创新管理领域，该理论从心理学角度为研究个体行为意愿及其前因影响因素提供了系统性研究框架，并强调行为意愿是影响行为最直接和最主要的因素，而行为意愿又受主观规范、态度和感知行为控制的影响。以此理论为基础，同时纳入企业员工的个人特质因素，探索农村新型金融组织员工的创新态度、主观规范和感知行为控制对其创新意愿的影响机制，试图从计划行为视角构建农村新型金融组织员工创新意愿影响因素模型，并对农村新型金融组织员工的创新意愿及其影响因素展开实证研究。

第一节　模型构建与研究假设

一、理论模型

计划行为理论是由 Ajzen（1985）提出的，用以研究非个人意志完全控制下行为的社会认知模型。该理论强调个体的行为决策受制于行为意愿的主导和控制，而行为意愿又受三个主要因素的影响。一是个体行为态度，即个体有关特定行为的态度，也就是个体执行特定目标行为时所持有的正向或负向感受（Fishbein 和 Ajzen，1975），反映了个体的内在体验，换句话说，就是个人对环境中某一对象的看法，是喜欢还是厌恶，是亲近还是疏远，以及由此产生的某种特殊的反应倾向。就农村新型金融组织的广大员工来说，其创新行为态度就是他们对于创新行为活动所持有的正面或负面的评价，当员工对创新行为活动持正面评价时，员工就会倾向于创新活动；反之，则不然。二是主观规范，即个体迎合某一特定群体对某一行为态度看法的程度（Fishbein 和 Ajzen，1975），反映特定重要团体对个体行为的影响，也被称为社会情境因素，它所表达的是个体选择实施或者选择不实施特定行为承受的社会压力。比如农村新型金融组织的某个员工是否采取创新行为活动时，可能在很大程度上会考虑单位领导对这种创新行为的关注度以及组织内部是否具备有利于创新行为开展的环境，而不仅仅是员工自己的创新行为态度。三是感知行为控制，即个体能够感知到完成特定目标行为的难易程度，它反映个人对其所从事的行为进行控制的感知程度。比如农村新型金融组织的员工在进行创新行为之前，就会事先做出自己通过努力实现创新行为目标的难易程度的判断，最后决定是否继续实施创新行为。总而言之，从计划理论视角来看，上述三个因素共同影响着个体的创新行为意愿，个体的行为态度和主观规范越积极，感知行为控制越好，个体选择创新行为意愿的可能性和积极性就越强烈。有学者的研究表明，个体特征或个体资源禀赋会影响个体的行为态度、主观规范和感知行为控制认知，进而影响创新行为意愿（Davis，1992），因此，笔者在此基础上，构建了创新意愿影响因素模型，如图 5-1 所示。

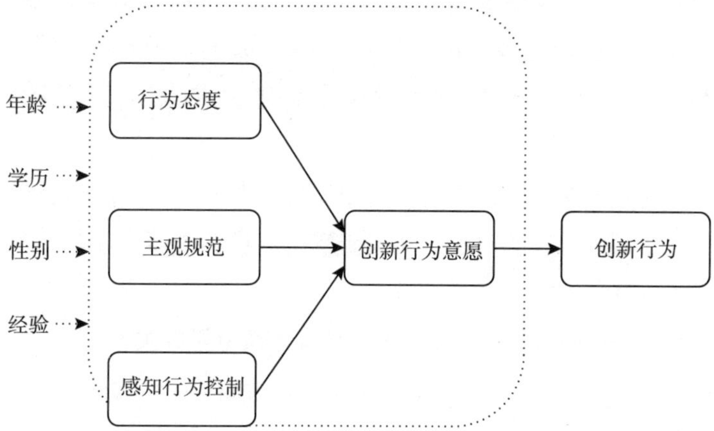

图 5-1 基于 TPB 理论的创新意愿影响因素模型

二、研究假设

1. 农村新型金融组织员工的创新行为态度与创新意愿的关系

行为态度是个体在自身道德观和价值观基础上对从事某一特定目标行为

所持有的正面或负面情感，它是由个体对行为结果的主要信念以及对这种结果重要程度的估计所决定的。从心理学的角度看，行为态度是一种具有认知基础的心理反应倾向，涵盖认知、情感和行动三种成分，一般来说，态度的各个成分之间是协调一致的，但是，有分歧时，情感成分占主导地位，决定态度的基本取向和行为倾向。态度具体分为内生态度和外生态度或工具性态度和情感性态度。一般而言，个人对某项行为的态度越正向时，则个人的行为意愿就越强。就农村新型金融组织来说，由于农村的经济社会环境相比城市更复杂、更落后，农村新型金融组织必须付出更多的努力才能缩小农村与城市之间的金融差距，面临着“经济利益”和“社会责任”的双重压力，农村新型金融组织员工必须拥有强烈的创新行为意识和态度，才能将其转化为创新行动，从而实现双重目标的协调发展。根据个体特征理论，随着年龄的增长，个体的创新行为态度动机越弱化，创新意愿也就越弱；一般来说，男员工比女员工更具有冒险精神，承受失败的心理会更强一些，因此，男员工比女员工拥有更为正向的创新态度，其创新意愿也更强烈；倘若企业员工受过系统性学习的年限或阶段越多，其更容易寻找到创新行为的行动路径，因此，学历层次越高，其对创新行动的态度越正向，创新意愿就越强烈。于是，本研究提出以下假设：

假设 1：农村新型金融组织员工的创新行为态度与创新意愿正相关。

假设 2：创新行为态度对农村新型金融组织员工创新意愿的影响程度受年龄、性别、学历等个体特征的约束。

2. 农村新型金融组织员工的主观规范与创新意愿的关系

在社会心理学领域，主观规范（Subjective-Norm）是指外部社会给予个人是否采取某种特定行为所感受到的压力（Fishbein 和 Ajzen，1980），换句话说，就是在判断某人行为时，那些会对其行为决策产生重要影响的个人或团体。从社会现实来看，人不仅是经济人，更是社会人，具有很强的社会属性，譬如一个人的行为决策往往会受其亲朋好友、同事和其他相关人员的影响，尤其是当该项决策行为具有较强的创新性和风险性时，外部主观规范对个人行为意愿具有强烈的影响和指导作用。因此，个人的行为意愿不仅受到学习、情绪和动机等内在自我因素的影响，可能还会受到领导、同事、亲戚朋友和邻里乡亲等外在因素的作用。相比传统型商业金融机构，农村新型金融组织虽然设立的时间不长，但是，在双重目标约束下，从一开始就面临着各类利益主体的监督和影响，既有同类机构之间市场和业务竞争，也有监管机构的监管约束，它们都影响和指导着农村新型金融组织员工的创新行为意愿和创新行动。外部主观规范越健全、越有力，农村新型金融组织员工的创新意愿就会越强烈。同时，由个体特征理论可知，随着个体年龄和学历的增长，他们拥有更多的自主协调能力，此时，外部因素对他们的影响会较弱，因此，这两个个体特征会削弱主观规范因素对农村新型金融组织创新意愿的影响；从心理学角度来说，男员工比女员工更具有自主性和担当精神，因此，男员工的创新意愿受其外部主观规范的影响会更小些。于是，本研究提出以下假设：

假设 3：农村新型金融组织员工面临的主观规范与其创新意愿正相关。

假设 4：主观规范对农村新型金融组织员工创新意愿的影响程度受年龄、性别、学历等个体特征的约束。

3. 农村新型金融组织员工的感知行为控制与创新意愿的关系

由计划行为理论（TPB）可知，个体行为意愿不仅受其行为态度和主观准则决定，同时也受感知行为控制的影响。所谓感知行为控制是指个体所能控制自身行为的感知程度，主要来自控制信念和感知促进因素的影响。其中，控制信念侧重于个体能力、资源和机会的感知，而感知促进因素则体现个体对前述资源的重要性估计。Ajzen（1985，1991）研究指出，个体的非完全意志控制的行为活动既受到行为意愿的显著性影响，也受到外部机遇、个体能力素质和资源条件等各类控制条件的约束，从另一个角度来说，在明确各类控制条件的情况下，个体行为意愿决定行为活动。而个体获得的各类控制条件依赖于准确的感知行为控制，由此可见，感知行为控制可以作为各类实际控制条件的替代性指标，直接影响个体的行为意愿。由个体特征理论可知，随着个体年龄、学历和性别的变化和差异，其感知行为的控制能力也存在显著差异性，也必然影响其行为意愿的实现程度。就农村新型金融组织来说，一方面由于其员工的能力、资源和机会等控制条件感知的差异性，也必然使其创新行为意愿存在着显著差异；另一方面员工的个体特征因素变化，也会通过其感知行为控制能力影响创新意愿。于是，本研究提出以下研究假设：

假设5：农村新型金融组织员工的感知行为控制与创新意愿正相关。

假设6：感知行为控制对农村新型金融组织员工创新意愿的影响程度受年龄、性别、学历等个体特征的约束。

第二节　变量选择与调研设计

一、变量定义与问题设计

该部分涉及的主要变量包括创新行为态度、主观规范、感知行为控制、创新行为意愿以及年龄、学历、性别等个体特征。根据前述理论模型概述和研究假设，该部分将界定变量的操作性定义和具体测量问题。

1. 创新行为态度

就农村新型金融组织的员工来说，其创新行为态度就是农村新型金融组织员工对自身未来将进行的创新行为活动持有的正向或负向评价。当其对创新行为活动持正向的积极态度时，那么农村新型金融组织员工的创新行为意愿就越强烈，越倾向于实施创新性活动；反之，则对创新行为活动持负向的消极态度。

衡量创新行为态度的程度问题测量，主要借鉴 Fishbein 和 Ajzen（1975）的研究设计，采用李克特五分制量表，具体问题设计见表5-1。

表5-1　创新行为态度问题设计

变量名	具体问题	评分项
创新行为态度	1. 我认为采取创新性方式有利于工作的开展	完全不同意【1】；部分不同意【2】；不确定【3】；部分同意【4】；完全同意【5】
	2. 当我尝试采取创新性思维和行为时，心情很愉悦	完全不同意【1】；部分不同意【2】；不确定【3】；部分同意【4】；完全同意【5】

续表

变量名	具体问题	评分项
创新行为态度	3. 我认为采取创新性思维和工作方式有利于自我价值的实现	完全不同意【1】；部分不同意【2】；不确定【3】；部分同意【4】；完全同意【5】
	4. 我认为创新性思维和工作方式有利于自己和他人进步	完全不同意【1】；部分不同意【2】；不确定【3】；部分同意【4】；完全同意【5】

2. 主观规范

就农村新型金融组织的员工来说，其主观规范就是农村新型金融组织员工迎合特定群体对其创新行为看法的程度，也表明是员工在实施创新行为时感受到的外界社会压力。因此，倘若农村新型金融组织内外部环境给予其员工的创新能力和水平的压力较大，员工为了更好地展现自己的实力，必然会表现出更强的创新意愿。

衡量主观规范的程度问题测量，主要借鉴 Fishbein 和 Ajzen（1980）的研究设计，采用李克特五分制量表，具体问题设计见表 5-2。

表 5-2　主观规范的问题设计

变量名	具体问题	评分项
主观规范	1. 我认为上级领导会喜欢我的创新性思维和工作方式	完全不同意【1】；部分不同意【2】；不确定【3】；部分同意【4】；完全同意【5】
	2. 我认为上级领导会全力支持我的创新性思维和工作方式	完全不同意【1】；部分不同意【2】；不确定【3】；部分同意【4】；完全同意【5】
	3. 我认为同事和家人会喜欢我的创新性思维和工作方式	完全不同意【1】；部分不同意【2】；不确定【3】；部分同意【4】；完全同意【5】
	4. 我认为同事和家人会全力支持我的创新性思维和工作方式	完全不同意【1】；部分不同意【2】；不确定【3】；部分同意【4】；完全同意【5】

3. 感知行为控制

就农村新型金融组织的员工来说，其感知行为控制就是农村新型金融组织员工感知到实行创新性行为的难易程度，换句话说，就是反映农村新型金融组织员工对促进或阻碍创新性行为因素的感知程度。从实际来看，农村新型金融组织的员工对创新性行为的感知能力越强，其创新行为意愿就越强烈。

衡量感知行为控制的程度问题测量，主要借鉴 Ajzen（2002）的研究设计，采用李克特五分制量表，具体问题设计见表 5-3。

表 5-3　感知行为控制问题设计

变量名	具体问题	评分项
感知行为控制	1. 我认为我可能会采取某项创新性思维和工作方式	完全不同意【1】；部分不同意【2】；不确定【3】；部分同意【4】；完全同意【5】
	2. 我认为我有能力实现某项创新性思维和工作方式	完全不同意【1】；部分不同意【2】；不确定【3】；部分同意【4】；完全同意【5】
	3. 我认为我可以控制自己是否采取某项创新性思维和工作方式	完全不同意【1】；部分不同意【2】；不确定【3】；部分同意【4】；完全同意【5】
	4. 我认为我可以自主决定是否采取某项创新性思维和工作方式	完全不同意【1】；部分不同意【2】；不确定【3】；部分同意【4】；完全同意【5】

4. 创新意愿

就农村新型金融组织的员工来说，其创新意愿就是农村新型金融组织员工采取创新行为的主观意愿强度。换句话说，就是农村新型金融组织员工对待创新这一行为的信念与态度，以至于愿意采取这一创新行为的主观概率，这一概率越高，说明主体的创新意愿越强。

衡量创新意愿的程度问题测量，主要借鉴 Fishbein 和 Ajzen（1975）的研究设计，采用李克特五分制量表，具体问题设计见表 5-4。

表 5-4　创新意愿的问题设计

变量名	具体问题	评分项
创新意愿	1. 我有主动探求新的构思或解决方式的意愿	完全不同意【1】；部分不同意【2】；不确定【3】；部分同意【4】；完全同意【5】
	2. 我有主动提供计划验证新的构思或解决方式的意愿	完全不同意【1】；部分不同意【2】；不确定【3】；部分同意【4】；完全同意【5】

续表

变量名	具体问题	评分项
创新意愿	3. 我有主动与同事或领导交流新的构思或解决方式的意愿	完全不同意【1】；部分不同意【2】；不确定【3】；部分同意【4】；完全同意【5】
	4. 我主动探求新的构思或解决方式的意愿相当高	完全不同意【1】；部分不同意【2】；不确定【3】；部分同意【4】；完全同意【5】

5. 控制变量

该部分以农村新型金融组织员工的年龄、性别、学历和工作经验等个人特征变量为控制变量。性别分为：男、女；年龄分为：25 岁及以下、26~40 岁、41 岁及以上；学历分为：中专及以下、专科和本科、硕士及以上；工作经验分为：3 年以下、3 年及以上。

二、研究对象与调查方法

该部分的研究对象为农村新型金融组织的广大员工，具体包括村镇银行、农村小额贷款公司和农村资金互助社的员工。为了确保问卷调查的随机性、广泛性和有效性，笔者采取分类抽样和随机抽样相结合的方法，一方面通过本科生放寒暑假回家发放问卷；另一方面笔者带领研究生及其他成员到湖南省的部分县市和云南省的景洪市和勐海县开展实地访谈和问卷调查。

第三节　实证分析

一、样本的描述性统计

为了更好地了解农村新型金融组织员工的创新意愿及其影响因素，该部分共发放调查问卷 403 份，回收问卷 345 份，其中有效问卷 282 份，其余问卷由于填写不全或存在明显的随意性而视为无效问卷被剔除。问卷回收情况见表 5-5：

表 5-5　问卷回收情况表

调查方式	发放问卷数（份）	回收问卷数（份）	有效问卷数（份）	有效问卷率（%）
本科生调研	285	235	176	61.75
团队调研	118	110	106	89.83
合计	403	345	282	69.98

由问卷回收情况表可以看出，团队调研获取的调查问卷质量明显高于本科生利用寒暑假调研的问卷，其有效率高达 89.83%，比本科生获得的有效调查问卷高 28.08 个百分点。本科生的调研问卷有效率较低的原因可能在于：一是虽然在本科生开展调研前，笔者对调研问卷进行了详细的讲解，但是，部分本科生对问卷题项的理解还是不到位；二是部分本科生在思想上存在畏难情绪，不愿到农村新型金融机构调研，迫于老师压力勉强应付了事。

该部分以表 5-6 体现农村新型金融组织员工样本的基本情况构成。

表 5-6　样本员工的个体特征表

控制变量	类别	频次	百分比（%）
性别	男	112	39.72
	女	170	60.28
	合计	282	100.00
年龄	25 岁以下	173	61.35
	25~40 岁	75	26.60
	40 岁以上	34	12.05
	合计	282	100.00
学历	中专及以下	26	9.22
	专科和本科	231	81.91
	硕士及以上	25	8.87
	合计	282	100.00

续表

控制变量	类别	频次	百分比（%）
工作经验	3年以下	229	81.21
	3年及以上	53	18.79
	合计	282	100.00

由表5-6可知，在调查样本中，从性别上看，女性员工占60.28%，比男性员工高出20个百分点，这符合金融行业女性员工多的就业特征。从年龄分组上看，年龄在25岁以下的受访员工占全部受访员工的比重为61.35%，是调查样本的主要群体；其次是25~40岁的员工，占26.60%；40岁以上的员工只占12.05%。从学历构成上看，拥有本、专科学历的员工占全部受访员工的81.91%，中专及以下占9.22%，硕士及以上所占比例最低，只有8.87%。从是否具有金融业工作经验来看，3年以下的受访者占81.21%，并且在新招聘的员工中绝大部分都没有金融业工作经历；3年及以上的员工只占全部受访者的18.79%。由此可见，农村新型金融组织的员工构成在性别、年龄、学历和工作经验四个维度上都呈现出某一阶段的高度集中性特征，这与农村新型金融组织的行业属性、大学生的就业取向和现代社会的经济发展水平密切相关。

二、问卷的信度和效度分析

1. 信度分析

该部分从282份有效问卷中随机抽取50份问卷，运用Cronbach'α系数法对问卷题项的内部一致性进行信度检验，其检验结果见表5-7。

表5-7　问卷的信度分析表

题项维度	题项数量	Cronbach'α
整体问卷	16	0.893***
创新行为态度	4	0.823***
主观规范	4	0.796***

续表

题项维度	题项数量	Cronbach'α
感知行为控制	4	0.785***
创新意愿	4	0.821***

注：*** 表示在1%的水平上显著。

由表5-7可知，问卷整体信度的Cronbach'α值为0.893，且在1%的水平上显著，所有内部结构维度的Cronbach'α都超过了0.7，这充分说明问卷的测量题项设计的内部一致性水平非常高。所有变量题项的重复度量方差F检验结果的P值都在1%水平以下，表明量表的重复度量效果较好。因此，该部分的各变量具有较高的可信度。

2. 效度分析

该部分对问卷的效度进行检验主要从内容效度和结构效度两个方面入手。就内容效度来说，本研究主要坚持测量指标设计与国外权威学者的经典文献结果保持一致性原则，问卷的所有题项都借鉴了前人的成熟设计，在此基础上，通过组织专家讨论和小规模预调研保证问卷内容的有效度。就结构效度来说，本书利用探索性因子分析方法对模型的结构效度进行检验，运用Varimax正交旋转方法，提取特征值大于1的公因子，并用KMO（Kaiser-Meyer-Olkin）样本测量指标来检验指标之间的相关性。KMO越接近于1，越适合于作公因子分析。

在对农村新型金融组织创新意愿及其影响因素题项进行因子分析前，需进行KMO测度和巴特利特球体检验，如表5-8所示。

表5-8　创新意愿及其影响因素的KMO和巴特利特球体检验

指标/变量		创新意愿影响因素	创新意愿
KMO样本测度		0.867	0.802
巴特利特球体检验	Approx. Chi-Square	1.460E3***	401.262***
总解释方差		70.032%	69.753%

注：*** 表示在1%的水平上显著。

从表5-8可知，农村新型金融组织员工的创新意愿及其影响因素的KMO测度分别达到0.802和0.867，巴特利特球体检验的卡方值都在1%的水平上显著，说明数据具有相关性，适合运用因子分析。该部分利用Varimax正交旋转方法提取因子，表5-9是农村新型金融组织员工创新意愿的影响因素的因子载荷矩阵。

表5-9　旋转后的创新意愿影响因素因子载荷矩阵表

结构变量	具体因素	相应题项	提取因子		
			1	2	3
创新意愿的影响因素	创新行为态度	IBA（1）	0.786	0.077	0.258
		IBA（2）	0.825	0.182	0.179
		IBA（3）	0.783	0.319	0.106
		IBA（4）	0.661	0.196	0.279
	主观规范	SN（1）	0.355	0.691	0.092
		SN（2）	0.106	0.866	0.183
		SN（3）	0.195	0.812	0.149
		SN（4）	0.160	0.741	0.247
	感知行为控制	PBC（1）	0.391	0.312	0.608
		PBC（2）	0.378	0.093	0.711
		PBC（3）	0.195	0.110	0.829
		PBC（4）	0.107	0.338	0.766

由表5-9可知，运用主成分分析法进行因子分析，12个题项共提取3个公因子，所提取的3个公因子对应的题项与之前设计的3个影响变量对应的题项完全吻合，充分表明该部分的问卷设计结构效度良好，所有题项的因子载荷都在0.6以上，总解释方差达70.032%，表明提取的公因子能够较好地解释创新意愿影响因素题项，根据因子分析结果和题项内涵，将三个公因子分别定义为创新行为态度因子、主观规范因子和感知行为控制因子，并作为后续回归研究的自变量。

根据因子分析结果和题项内涵，将表5-10的创新意愿结构变量命名为创新意愿因子，其总解释方差为69.753%，并作为后续回归分析的因变量。

表 5-10 创新意愿的因子载荷矩阵表

结构变量	相应题项	因子
创新意愿	WI（1）	0.803
	WI（2）	0.831
	WI（3）	0.837
	WI（4）	0.815

三、Pearson 相关性分析

Pearson 相关性分析主要是研究变量之间的不确定性关系，以初步验证模型假设是否成立。

表 5-11 创新意愿与其影响因素的 Pearson 相关性分析

变量名		创新行为态度	主观规范	感知行为控制
创新意愿	相关系数值	0.493***	0.358***	0.472***
	显著性水平值	P=0.000	P=0.000	P=0.000
	样本量	282	282	282

注：*** 表示在1%的水平上显著。

从表5-11可以看出，创新行为态度、主观规范和感知行为控制三个因素都在1%的水平上显著影响农村新型金融组织员工的创新意愿，其中创新行为态度与创新意愿的相关系数为0.493、主观规范与创新意愿的相关系数为0.358、感知行为控制与创新意愿的相关系数为0.472。根据Pearson相关性分析，在无控制变量情况下，初步验证了假设1、假设3和假设5，即农村新型金融组织员工的创新意愿分别与创新行为态度、主观规范和感知行为控制显著正相关。

四、回归分析

为了检验农村新型金融组织员工的创新行为态度、主观规范和感知行为控制因素对其创新意愿的影响程度和解释力，特建立如下回归检验模型：

$$WI = a\times IBA + b\times SN + c\times PBC + e \quad (5-1)$$

表 5-12　创新意愿影响因素对创新意愿的回归结果

自变量名	系数值	标准误差	VIF 值
常数项	—	—	—
创新行为态度（IBA）	0.381*** (5.186)	0.056	1.67
主观规范（SN）	0.292*** (3.357)	0.053	1.49
感知行为控制（PBC）	0.363*** (4.915)	0.047	1.42
Adjusted-R^2	0.511		
F 值	78.802***		
D-W 值	1.975		

注：*** 表示在 1%的水平上显著。

由表 5-12 可知，农村新型金融组织员工创新意愿的影响因素回归方程的调整 R^2 值为 0.511，说明自变量与因变量的拟合程度较好；F 值达 78.802，并在 1%的水平上显著，说明回归方程成立；D-W 值为 1.975，接近 2，表明回归方程不存在严重的一阶序列相关问题；自变量之间的膨胀因子（VIF）值都在 2 以下，表明各自变量之间不存在严重的多重共线性问题。从回归结果来看，创新行为态度、主观规范和感知行为控制三个因子都在 1%的水平上显著正向影响农村新型金融组织员工的创新意愿，其中创新行为态度的影响程度最大，为 0.381；其次是感知行为控制，影响系数值为 0.363；最后是主观规范的影响，其值为 0.292。从而进一步验证了假设 1、假设 3 和假设 5。

上述回归方程并没有考虑农村新型金融组织员工个人特征变量的影响，根据前述理论分析和研究假设，员工的个人特征变量可能会调节农村新型金融组织员工的创新行为态度、主观规范和感知行为控制三因子对其创新意愿的影响程度，因此，借鉴 Baron 和 Kenny（1986）的文献建立如下关于农村新型金融组织员工创新意愿影响的调节变量模型，即：

$$WI = a\times(IBA \text{ or } SN \text{ or } PBC) + b\times M + c\times M\times(IBA \text{ or } SN \text{ or } PBC) + e \tag{5-2}$$

本研究重点关注调节效应系数 c 的显著性和大小，并借鉴温忠麟等（2004）的调节效应检验程序来验证农村新型金融组织员工的年龄、性别、学历和银行工作经验四个调节变量对创新行为态度、主观规范和感知行为控制三个影响因素的调节作用，具体运用层次分析法进行回归检验，见表 5-13（本表只列出了各调节变量模型中包含自变量主效应、调节变量主效应和交互效应综合回归结果，没有列出前两步的回归结果）：

表 5-13 个体特征对自变量调节效应的层次回归分析

	创新意愿（WI）			
	性别（GD）调节	年龄（AGE）调节	学历（EDU）调节	工作经验（HOB）调节
Con.	—	—	—	—
自变量主效应				
IBA	0.417***	0.392***	0.402***	0.391***
SN	0.291***	0.286***	0.293***	0.288***
PBC	0.352***	0.349***	0.357***	0.351***
调节变量主效应				
GD	0.051*	—	—	—
AGE	—	-0.036*	—	—
EDU	—	—	0.067**	—
HOB	—	—	—	0.017**
交互效应				
GD×IBA	0.026**	—	—	—
GD×SN	0.031	—	—	—
GD×PBC	0.018*	—	—	—

续表

	创新意愿（WI）			
	性别（GD）调节	年龄（AGE）调节	学历（EDU）调节	工作经验（HOB）调节
AGE×IBA	—	-0.028**	—	—
AGE×SN	—	0.021	—	—
AGE×PBC	—	-0.039*	—	—
EDU×IBA	—	—	0.043**	—
EDU×SN	—	—	0.031*	—
EDU×PBC	—	—	0.039*	—
HOB×IBA	—	—	—	0.022*
HOB×SN	—	—	—	0.019**
HOB×PBC	—	—	—	0.018*
Adj-R^2	0.562	0.534	0.592	0.572
F值	69.311***	64.775***	71.003***	70.213***

注：表中上标***、**、*分别表示在1%、5%、10%的水平上显著。

从表5-13可以看出，将性别、年龄、学历和工作经验四个调节变量加入创新意愿的影响因素模型，构建起农村新型金融组织员工创新意愿影响因素的调节变量模型，检验发现：①创新行为态度、主观规范和感知行为控制三个自变量对农村新型金融组织员工创新意愿影响的主效应仍然都在1%的水平显著正相关，并且波动幅度不大。②性别、年龄、学历和工作经验四个调节变量对创新意愿回归的主效应产生了显著性影响，其中性别、学历和工作经验与其显著正相关，只有年龄变量的调节主效应与其呈显著负相关关系。③调节变量与自变量的交互效应存在一定的差异性，具体来看，性别、学历和工作经验三个调节变量与农村新型金融组织员工的创新行为态度之间的交互效应显著正相关，而年龄与创新行为态度之间的交互效应则显著负相关，这意味着男性员工、学历高的员工和拥有金融业工作经历的员工在一定程度上增强了创新行为态度对创新意愿的正向影响，而随着年龄的增长则会减弱创新行为态度对创新意愿的正向影响；学历和工作经验与主观规范之间交互效应显著正相关，而性别和年龄则与主观规范之间不存在显著性交互效应，这充分表明学历和工作经验在一定程度上增强了主观规范对创新意愿的正向影响，而性别和年龄两个调节变量没有增强主观规范对创新意愿的正向影响；性别、年龄、学历和工作经验四个调节变量与感知行为控制变量之间存在显著的交互效应，其中性别、学历和工作经验三个变量与感知行为控制之间显著正相关，年龄则显著负相关，这表明性别、学历和工作经验三个调节变量会增强感知行为控制对创新意愿的正向影响，年龄调节变量的影响则相反。从而验证了假设2、假设4和假设6。

五、结论

通过引入计划行为理论，从心理学角度构建农村新型金融组织员工创新行为意愿及其前因影响因素模型；纳入企业员工的个人特质因素，探索新型农村金融组织员工的创新态度、主观规范和感知行为控制对其创新意愿的影响机制。研究发现：创新行为态度、主观规范和感知行为控制对农村新型金融组织员工创新意愿影响的主效应显著正相关，并且波动幅度不大；性别、年龄、学历和工作经验对创新意愿回归的主效应产生了显著性影响，其中性别、学历和工作经验显著正相关，只有年龄变量的调节主效应呈显著负相关关系；调节变量与自变量的交互效应存在一定的差异性。因此，提高农村新型金融组织员工创新意愿，需要关注和掌握广大员工的创新态度、主观规范以及感知行为控制，强化员工对组织的正面价值情感，强化组织外部主观规范对员工行为意愿的指导作用，强化员工自我控制意志和信念的能力，更加重视组织中男员工、高学历者、青年员工的创新行为意愿培养。

由此可见，农村新型金融组织在实施创新发展战略、提升员工创新行为意愿时，应全面掌握广大员工的创新态度、他们承受外界压力的能力及感知实施创新行为的难易程度，并依据广大员工的个体特征差异进行科学引导和制度规范。

第六章 农村新型金融组织创新能力评价体系构建与方法选择

第一节 农村新型金融组织创新能力评价体系构建

自从农村新型金融组织创建以来，针对农村新型金融组织创新能力评价的研究尚属空白，还未有学者对农村新型金融组织创新能力进行系统性的研究，已有的多为商业银行创新能力评价研究。这些研究结论虽对本研究有一定的借鉴意义，但我们无法照搬其研究成果。所以，本节创新能力评价指标体系的构建对于后面农村新型金融组织创新能力评价至关重要，所选指标在基于双重目标的视角下，不仅要能够综合反映我国农村新型金融组织的创新能力，还要区别于商业银行创新能力评价指标体系，并在农村新型金融组织中具有广泛的适用性。

一、农村新型金融组织创新能力评价指标体系建立的原则

构建农村新型金融组织创新能力评价指标体系需遵循以下原则：

1. 科学性原则

科学性原则是农村新型金融组织创新能力评价指标体系构建的最基本原则。农村新型金融组织创新能力评价有助于我国农村金融发展的创新突破，因

此，农村新型金融组织创新能力评价的指标选取应在组织创新理论、金融发展理论的基础上，根据科学方法选取适当的指标综合反映农村新型金融组织的创新能力。

2. 系统性原则

农村新型金融组织创新能力的大小不仅与金融组织资金投入、人才、自身规模等有关，还与内部管理机制、外部竞争环境等因素相关，因此，创新能力指标体系的构建应系统性地选取不同维度的指标反映创新的管理、环境、产出、投入。

3. 层次性原则

创新能力评价的对象是一个复杂系统，系统具有其层次性，应针对不同维度将整个系统进行分解，构建不同维度两级层次指标，方便分析过程中对创新能力不同维度进行调控和创新能力分解，有利于对整个农村新型金融组织创新能力进行分析和提出建议。

4. 针对性原则

指标体系的建立旨在评价农村新型金融组织创新能力，因此，指标选取不需要对整个组织方方面面的情况全部调查清楚，只需要选取能够反映创新能力不同维度相对应的部分指标即可，这样既可以减少调查过程中的工作量，也能够通过少量的针对性指标反映整体的创新能力。

5. 可行性原则

任何评价指标体系的构建最终的落脚点都在于通过指标数据计量分析反映评价主体的能力大小，指标选择是否能反映真实的问题，是指标体系构建的关键，所以指标的选取不可过泛、过空，需落到实处，既要符合前面四个原则，还要在调查中容易获取，能够进行准确的赋值并进行数据分析，具有较强的可操作性。

二、农村新型金融组织创新能力评价体系

坚持科学性、系统性、层次性、针对性和可行性五项指标体系的构建原则，结合部分农村新型金融组织官方网站的相关信息、年报数据及湖南沅陵农

村金融试点改革中期汇报座谈会各金改相关部门负责人谈话内容和农村新型金融组织负责人汇报情况，将我国农村新型金融组织创新能力作为整个体系的目标层，构建了以创新投入、创新产出、创新环境和创新管理 4 个维度（一级指标），注册资本、研发投入等 25 个二级指标组成的我国农村新型金融组织创新能力评价指标体系。

在过去几年的研究中，学者们多采用中间业务收入或中间业务收入的自然对数来衡量商业银行的创新能力。原因在于商业银行产品或制度的创新程度无法直接衡量，而一直以来商业银行的主要收入都来源于存贷利差即利息收入，其创新产品则主要集中于理财业务、电子银行业务、衍生工具等中间业务，因此对于商业银行创新能力采用中间业务收入或中间业务收入的自然对数来衡量是合理的。但对于我国的农村新型金融组织来说，它的出现就是为了弥补正规金融机构在农村市场的空白，既完善了我国多层次金融体系，也在我国“扶农支农”中发挥巨大作用。我们通过对部分村镇银行的财务报表进行分析发现，村镇银行利息收入仍然为其收入的主要来源，而中间业务收入所占比重较小，甚至部分银行中间业务收入几近于零。所以，直接挪用商业银行创新能力衡量的经验是不合理的。这里，我们没有直接采用某一个指标来衡量农村新型金融组织的创新能力，而是基于以下五个问题从年度报表中筛选出一系列指标数据：①是否有利于农村新型金融组织开展对农贷款业务？②是否有利于农村新型金融组织在目标市场的市场拓展？③是否符合我国农村新型金融组织的目标定位？④是否有利于农村新型金融组织降低风险和可持续发展？⑤是否有利于农村新型金融组织创造经济效益？

具体评价指标体系如表 6-1 所示：

表 6-1　农村新型金融组织创新能力评价指标体系

目标层	准则层（一级指标）	指标层（二级指标）	序号	单位	属性
农村新型金融组织创新能力	创新投入（A_1）	注册资本	X_1	万元	正指标
		研发投入	X_2	万元/年	正指标
		推广费用	X_3	万元/年	正指标

续表

目标层	准则层（一级指标）	指标层（二级指标）	序号	单位	属性
农村新型金融组织创新能力	创新投入（A_1）	科研经费	X_4	万元/年	正指标
		硕士及以上学历员工占比	X_5	%	正指标
		中级及以上职称员工占比	X_6	%	正指标
		研发人员数	X_7	人	正指标
		销售人员数	X_8	人	正指标
	创新产出（A_2）	创新金融产品数	X_9	个	正指标
		年均净利润	X_{10}	万元/年	正指标
		年均创新产品利润占比	X_{11}	%	正指标
		年均涉农贷款比重	X_{12}	%	正指标
		年均农户申贷成功比例	X_{13}	%	正指标
		年均论文发表数	X_{14}	篇	正指标
	创新环境（A_3）	年均保证贷款占比	X_{15}	%	正指标
		年均抵质押贷款占比	X_{16}	%	正指标
		年均信用贷款占比	X_{17}	%	逆指标
		竞争者数量	X_{18}	家	逆指标
		政府补助	X_{19}	万元/年	正指标
	创新管理（A_4）	新产品研发用时	X_{20}	月	逆指标
		涉农审贷时间	X_{21}	工作日	逆指标
		年均不良贷款率	X_{22}	%	逆指标
		年均单一集团客户授信集中度	X_{23}	%	逆指标
		年均资本充足率	X_{24}	%	正指标
		年均资产流动性比率	X_{25}	%	正指标

1. 创新投入指标说明

在构建创新能力评价指标体系创新投入层时，主要考虑了资金投入和人员投入两个方面的内容。

（1）注册资本（X_1）。

注册资本是组织成立时注册的资本额，是组织最初的资本投入，也是组织运营和研发新产品的最初动力。注册资本越高代表组织的初始运营资本越高，考虑到农村新型金融组织规模比商业银行之间的规模差距要小得多，因此，注册资本越高，农村新型金融组织在后续经营中越有优势。X_1 = 注册资本。

（2）研发投入（X_2）。

研发投入主要考察的是组织每年专用于金融产品开发的资金总投入。研发投入的多少直接影响了农村新型金融组织的创新产出水平。$X_2 = \sum_{i=1}^{n} R_i / n$（n 为组织成立年数，$R_i$ 为第 i 年专用于新产品开发的资金投入）。

（3）推广费用（X_3）。

推广费用主要考察的是农村新型金融组织每年专用于新产品推广的费用。推广费用越高，说明组织对于目标市场的开拓越积极。$X_3 = \sum_{i=1}^{n} E_i / n$（n 同上，$E_i$ 为第 i 年专用于新产品推广的费用）。

（4）科研经费（X_4）。

科研经费主要考察的是农村新型金融组织每年用于科研项目的经费。科研经费一定程度上代表了组织对于自身产品、管理制度、薪酬制度等问题的重视程度。$X_4 = \sum_{i=1}^{n} S_i / n$（n 同上，$S_i$ 为第 i 年用于科研项目的经费）。

（5）硕士及以上学历员工占比（X_5）。

硕士及以上学历员工占比主要考察的是硕士学历以上（包括硕士学历）员工占农村新型金融组织正式员工总数的比例。X_5 =（硕士学历员工数+博士学历员工数）÷正式员工总数×100%。

（6）中级及以上职称员工占比（X_6）。

中级及以上职称员工占比主要考察的是中级职称以上（包括中级职称）员工占农村新型金融组织正式员工总数的比例。X_6 =（中级职称员工数+高级职称员工数）÷正式员工总数×100%。

（7）研发人员数（X_7）。

研发人员数主要考察的是农村新型金融组织中从事新产品开发员工或新产品开发部门员工的总和。X_7 = 新产品开发部门（团队）员工数+除部门（团队）以外从事新产品开发的员工数。

(8) 销售人员数(X_8)。

销售人员数主要考察的是农村新型金融组织中从事新产品销售员工或新产品销售部门员工的总和。X_8=新产品销售部门(团队)员工数+除部门(团队)以外从事新产品销售的员工数。

2. 创新产出指标说明

在构建创新能力评价指标体系创新产出层时,主要考虑了产品产出、经济产出、业务产出和知识产出四个方面的内容。

(1) 创新金融产品数(X_9)。

创新金融产品数主要考察的是农村新型金融组织有别于其他金融机构,自主创新开发或设计的金融产品数量总和。X_9=创新金融产品总数。

(2) 年均净利润(X_{10})。

年均净利润主要考察的是农村新型金融组织自成立起至今的收益状况。$X_{10}=\sum_{i=1}^{n} P_i/n$(n 同上,$P_i$为第 i 年组织净利润)。

(3) 年均创新产品利润占比(X_{11})。

年均创新产品利润占比主要考察的是农村新型金融组织创新产品收益在总收益中的占比情况。$X_{11}=\sum_{i=1}^{n}\frac{p_i}{P_i}/n\times100\%$(n、$p_i$同上,$P_i$为第 i 年组织净利润)。

(4) 年均涉农贷款比重(X_{12})。

年均涉农贷款比重主要考察的是涉农贷款在农村新型金融组织总贷款中的比重。$X_{12}=\sum_{i=1}^{n}\frac{l_i}{L_i}/n\times100\%$(n 同上,$l_i$为第 i 年涉农贷款总数,$L_i$为第 i 年贷款总数)。

(5) 年均农户申贷成功比例(X_{13})。

年均农户申贷成功比例主要考察的是农户申贷成功笔数占总申请笔数比例。$X_{13}=\sum_{i=1}^{n}\frac{Sl_i}{Tl_i}/n\times100\%$(n 同上,$Sl_i$为第 i 年农户申贷成功总笔数,$Tl_i$为第 i 年农户申贷总笔数)。

（6）年均论文发表数（X_{14}）。

年均论文发表数主要考察的是农村新型金融组织成立至今在公开刊物发表的论文著述年均数。我们通过中国知网搜索以部分农村新型金融组织为单位的期刊文献时发现，较多文献的研究集中在风险管理、农贷创新、可持续发展、财务管理、小微信贷探索、市场定位等问题的研究，因此论文发表数越多，代表管理者对银行发展和各项问题研究更为深入。$X_{14}=\sum_{i=1}^{n} Paper_i/n$（n 同上，$Paper_i$为第 i 年组织在公开刊物上发表的论文著述总数）。

3. 创新环境指标说明

在构建创新能力评价指标体系创新环境层时，主要考虑了第三方、竞争环境和国家政策环境三个方面的内容。

（1）年均保证贷款占比（X_{15}）。

年均保证贷款占比主要考察的是农村新型金融组织担保贷款在贷款总数中所占的比例。$X_{15}=\sum_{i=1}^{n}\frac{G_i}{L_i}/n\times100\%$（n、$L_i$同上，$G_i$为第 i 年组织担保贷款总数）。

（2）年均抵质押贷款占比（X_{16}）。

年均抵质押贷款占比主要考察的是农村新型金融组织抵质押贷款在贷款总数中所占的比例。$X_{16}=\sum_{i=1}^{n}\frac{M_i}{L_i}/n\times100\%$（n、$L_i$同上，$M_i$为第 i 年组织抵质押贷款总数）。

（3）年均信用贷款占比（X_{17}）。

年均信用贷款占比主要考察的是农村新型金融组织信用贷款在贷款总数中所占的比例。综合商业银行的情况来看，信用贷款在贷款总数中数量都是最少的，原因在于金融机构现在的风险依然集中在信用风险，因此，信用贷款越高代表金融机构可能承担的信用风险越高。$X_{17}=\sum_{i=1}^{n}\frac{G_i}{L_i}/n\times100\%$（n、$L_i$同上，$C_i$为第 i 年组织信用贷款总数）。

（4）竞争者数量（X_{18}）。

竞争者数量主要考察的是农村新型金融组织在辖区内对农业务竞争金融机

构数量。我国农村市场的原住民农信社正处于积极的股份制与合作制改革中，其大部分业务依然针对的是农村客户，农村新型金融组织在发展过程中除了面临国有银行及部分商业银行的竞争，也面临着农信社的竞争压力，竞争者数量越多，一定程度上表明农村新型金融组织在市场开拓和业务推广过程中的阻力越大。X_{18} = 辖区内对农业务竞争者数量。

（5）政府补助（X_{19}）。

政府补助主要考察的是农村新型金融组织根据国家《农村金融机构定向费用补贴资金管理办法》等相关政策获得的补助资金。农村新型金融组织这一部分资金一般体现在资产负债表营业外收入科目或财务报表分析数据中营业外收入的子科目政府补助一栏。X_{19} = 各年营业外收入或政府补助之和/n（n同上）。

4. 创新管理指标说明

在构建创新能力评价指标体系创新管理层时，主要考虑了效率管理和风险管理两个方面的内容。

（1）新产品研发用时（X_{20}）。

新产品研发用时主要考察的是农村新型金融组织新产品从开发到正式投放市场的平均用时。X_{20} = 新产品研发平均用时。

（2）涉农审贷时间（X_{21}）。

涉农审贷时间主要考察的是涉农贷款从申请到审批所花费的平均时间。X_{21} = 涉农审贷时间。

（3）年均不良贷款率（X_{22}）。

不良贷款率考察的是农村新型金融组织次级类贷款、可疑类贷款与损失类贷款之和占所有贷款的比重。不良贷款率越高，代表农村新型金融组织面临的风险越高。X_{22} = 各年不良贷款率总和/n（n同上）。

（4）年均单一集团客户授信集中度（X_{23}）。

单一集团客户授信集中度考察的是最大一家客户贷款总额与资本净额之比。该指标数值越大，代表农村新型金融组织贷款的最大客户占比越大，无疑会增加农村新型金融组织的信用风险。X_{23} = 各年单一集团客户授信集中度总和/n（n同上）。

（5）年均资本充足率（X_{24}）。

资本充足率考察的是农村新型金融组织资本净额与表内外风险加权资产期末总额的比值。资本充足率越高，表明农村新型金融组织抵御风险的能力越强。X_{24}=各年资本充足率总和/n（n 同上）。

（6）年均资产流动性比率（X_{25}）。

资产流动性比率考察的是流动性资产与流动性负债的比率。该指标是银监会对商业银行进行风险监管的一个重要指标，同时也代表了农村新型金融组织的风险水平。X_{26}=各年资产流动比率总和/n（n 同上）。

第二节 农村新型金融组织创新能力评价方法选择

在选择农村新型金融组织创新能力评价方法时，可运用较多评价方法。根据确定权重方式不同，可分为客观评价法和主观评价法。客观评价法则是根据各指标相关关系和数据的内部结构确定指标权重并进行创新能力评价。有代表性的客观评价方法有灰色关联度分析法、主成分分析法、BP 神经网络法、熵权法、逼近理想点法等。主观评价法则往往需要评价对象所在领域专家或专业人员根据自身工作经验对各指标进行打分，通过综合多位专家意见得到相关指标权重，在此基础上再进行创新能力评价。有代表性的主观评价方法有 Promethee 法、VIKOR 法、二项系数法、层次分析法、德尔菲法、环比分析法、DEA 法、SVM 模型等。客观评价法和主观评价法均为定量分析法，均可以根据指标权重和指标值对农村新型金融组织创新能力进行评价，其中主观法对评分者具有较高要求，评分者必须对指标充分了解且有足够的经验进行判断，此类型方法操作起来成本较低，运用简单；客观法则根据实际数据进行评价，避免了人为因素的影响，但是获取实际数据相比主观法成本要高。

笔者在进行评价体系构建时选取了四个维度，并选择了 25 个指标分别对四个维度进行描述。结合本研究的实际情况，制作调查问卷来获得评价所需的相关数据，为避免人为评价所带来的主观影响，笔者采用熵权法和 TOPSIS 法相结合的评价方法对我国农村新型金融组织创新能力进行评价。

一、熵权法

1. 熵权法介绍

熵是热力学中的概念，用来描述物质热运动的系统状态。学者 Shannon 将其引入信息理论，此后大量学者运用熵这一概念来表达变量的不确定性程度。熵值的大小与反映变量信息量的大小呈反比，与变量的不确定性呈正比。由于熵的这一特性，能够量化的熵权法成为一种客观的综合评价方法，既可以对单一变量在时间序列上不同时间点进行评价，也可以对多个变量进行评价。本书研究的是多个农村新型金融组织样本创新能力的评价，符合熵值法的运算规律，相比于一些学者在研究商业银行金融机构创新能力时采用的层次分析、专家打分等赋权方法，评价过程具有主观性，本书利用熵值法对各评价指标权重进行客观核算，更为真实客观地反映了农村新型金融组织的创新能力。

2. 熵权法计算过程

（1）构建数据矩阵。

首先将原始数据构建成一个 a×b 初始评价矩阵，a 为被观察对象总数，b 为变量数，v_{ij}则表示第 i 个评价对象第 j 个指标的原始值。

$$V=(v_{ij})_{ab}=\begin{pmatrix} v_{11} & v_{12} & \cdots & v_{1b} \\ v_{21} & v_{22} & \cdots & v_{2b} \\ \vdots & \vdots & \ddots & \vdots \\ v_{a1} & v_{a2} & \cdots & v_{ab} \end{pmatrix} \tag{6-1}$$

（2）数据归一化处理。

对于正指标，归一化的处理方法如下：

$$y_{ij}=\frac{V_{ij}-\min\limits_{1\leqslant j\leqslant b}(V_{ij})}{\max\limits_{1\leqslant j\leqslant b}(V_{ij})-\min\limits_{1\leqslant j\leqslant b}(V_{ij})} \tag{6-2}$$

对于逆指标，归一化的处理方法如下：

$$y_{ij}=1-\frac{v_{ij}-\min\limits_{1\leqslant j\leqslant b}(V_{ij})}{\max\limits_{1\leqslant j\leqslant b}(V_{ij})-\min\limits_{1\leqslant j\leqslant b}(V_{ij})} \tag{6-3}$$

式（6-2）、式（6-3）中，$i=1, 2, 3, \cdots, a$（a 为评价对象数）；$j=1, 2, 3, \cdots, b$（b 为指标数）；$\min\limits_{1\leqslant j\leqslant b}(v_{ij})$ 是 j 指标下所有评价对象原始值的最小值；$\max\limits_{1\leqslant j\leqslant b}(v_{ij})$ 是 j 指标下所有评价对象原始值的最大值。

数据归一化后的评价矩阵为：

$$Y=(y_{ij})_{ab}=\begin{pmatrix} y_{11} & y_{12} & \cdots & y_{1b} \\ y_{21} & y_{22} & \cdots & y_{2b} \\ \vdots & \vdots & \ddots & \vdots \\ y_{a1} & y_{a2} & \cdots & y_{ab} \end{pmatrix} \tag{6-4}$$

（3）数据特征权重计算。

熵权法中数据的特征权重通常用 f 表示，计算方法如下：

$$f_{ij}=\frac{y_{ij}}{\sum\limits_{i=1}^{a} y_{ij}} \tag{6-5}$$

式（6-5）中，$f_{ij}\in[0, 1]$，且满足$\sum\limits_{i=1}^{a} f_{ij}=1$。

（4）求解熵值。

熵权法中指标的熵值通常用 e 表示，计算方法如下：

$$e_j=-\frac{1}{\ln a}\sum_{i=1}^{a} f_{ij}\ln f_{ij} \tag{6-6}$$

当 $f_{ij}=0$ 时，默认 $f_{ij}\ln f_{ij}=0$；$e_j\geqslant 0$，e 值反映了指标信息量的大小，e 值越大信息量越大，反之则越小。

（5）熵权确定。

熵权法中指标的熵权通常用 w 表示，计算方法如下：

$$w_j=\frac{1-e_j}{b-\sum\limits_{j=1}^{b} e_j} \tag{6-7}$$

式（6-7）中，$j=1, 2, 3, \cdots, b$（b 为指标数）；e_j 为第 j 个指标的熵值。此时熵权矩阵 W 为：

$$W=\begin{pmatrix} w_1 & 0 & \cdots & 0 \\ 0 & w_2 & \cdots & 0 \\ \vdots & \vdots & \ddots & \vdots \\ 0 & 0 & \cdots & w_b \end{pmatrix} \tag{6-8}$$

二、TOPSIS 法

1. TOPSIS 法介绍

TOPSIS 法，是根据欧几里得公式测量实际值与虚拟最优解和虚拟最劣解之间的距离的一种核算方法，虚拟最优解也就是将各个指标的最优值提取出来构成的解，虚拟最劣解也就是将各个指标的最劣值提取出来构成的解，通过距离反映出各值与最优解的接近程度，以此作为评价对象优劣排序的依据，最终排名根据相对接近度值的大小进行排序。当评价对象的值最接近最优解，同时最远离最劣解时，此时评价对象为最优；反之，则为最差。

2. TOPSIS 法计算过程

（1）构建规范化的决策矩阵。

$$H=Y\cdot W=\begin{pmatrix} y_{11}w_1 & y_{12}w_2 & \cdots & y_{1b}w_b \\ y_{21}w_1 & y_{22}w_2 & \cdots & y_{2b}w_b \\ \vdots & \vdots & \ddots & \vdots \\ y_{a1}w_1 & y_{a2}w_2 & \cdots & y_{ab}w_b \end{pmatrix}=\begin{pmatrix} h_{11} & h_{12} & \cdots & h_{1b} \\ h_{21} & h_{22} & \cdots & h_{2b} \\ \vdots & \vdots & \ddots & \vdots \\ h_{a1} & h_{a2} & \cdots & h_{ab} \end{pmatrix} \tag{6-9}$$

（2）最优解最劣解的确定。

我们对原始数据进行了归一化处理，逆指标全部转化为正指标，所以指标的最优解就可以直接对应该指标的最大值，最劣解对应最小值。最优解和最劣解分别用 h^+和 h^-表示。

$$h^+=(h_1^+,h_2^+,h_3^+,\cdots,h_b^+) \tag{6-10}$$

$$h^-=(h_1^-,h_2^-,h_3^-,\cdots,h_b^-) \tag{6-11}$$

式（6-10）、式（6-11）中，$h_j^+=\max(h_{1j}, h_{2j}, h_{3j}, \cdots, h_{aj},)$，$h_j^-=\min(h_{1j}, h_{2j}, h_{3j}, \cdots, h_{aj})$，$j=1, 2, 3, \cdots, b$（b 为指标数）。

（3）求解距离。

评价对象指标向量到最优解和最劣解的距离分别用 d^+ 和 d^- 表示。

$$d_i^+=\sqrt{\sum_{j=1}^{b}(h_{ij}-h_j^+)^2} \tag{6-12}$$

$$d_i^-=\sqrt{\sum_{j=1}^{b}(h_{ij}-h_j^-)^2} \tag{6-13}$$

式（6-12）、式（6-13）中，i=1，2，3，…，a（a为评价对象数）。

（4）计算相对接近度。

$$O_i=\frac{d_i^-}{d_i^-+d_i^+} \tag{6-14}$$

式（6-14）中，i=1，2，3，…，a（a为评价对象数），O_i 值越大表示评价对象越优。

第七章　农村新型金融组织创新能力评价实证分析

——以村镇银行为例

第一节　样本数据说明

一、数据来源

本章数据均来源于实地调研，2015 年 1~2 月组织 100 多名调查员前往全国 25 个省、市、自治区（具体为天津（TJ）、吉林（JL）、辽宁（LN）、内蒙古（NMG）、山西（SX）、甘肃（GS）、青海（QH）、宁夏（NX）、河北（HB）、山东（SD）、河南（HN）、江苏（JS）、浙江（ZJ）、安徽（AH）、湖南（Hn）、湖北（Hb）、江西（JX）、四川（SC）、贵州（GZ）、云南（YN）、广西（GX）、广东（GD）、福建（FJ）、海南（hn）、重庆（CQ））进行实地问卷调查①，问卷为《关于农村新型金融组织创新能力评价的调查问卷》，见

① 我国农村新型金融组织自 2006 年才起步，集中在各个地级市或乡镇，分布较为分散。本研究需对全国农村新型金融组织进行抽样调查，调研成本无疑是巨大的，所以 2014 年 7~8 月，项目组设计并修改好调查问卷，同时从银监会网站通过金融许可证查询下载全国各地州市村镇银行、资金互助社和农村小额贷款公司的基本信息，2014 年下半年项目组依据基本信息表对本院学生进行摸底，找到籍贯位于部分调查对象所在地的学生，每位学生 2015 年 1~2 月寒假期间只需要带 1~2 份问卷回家进行调查即可，项目组给予每位学生一份小礼物，大大缩减了调研成本。

附录，2016 年上半年进行了第二次补充调查，主要通过各大金融网站、村镇银行主页、邮件等方式进行。调查对象为村镇银行、资金互助社和农村小额贷款公司部门主管及以上人员，要求被调查单位是成立时间在一年以上的总行、总部或总公司。共发放 200 份问卷，回收 168 份，回收率为 84.00%，有效问卷 145 份，有效率为 86.31%，145 份有效问卷中有 139 份来自村镇银行，4 份来自资金互助社，2 份来自农村小额贷款公司，获取的资金互助社和农村小额贷款公司样本量太小，遂本章实证分析以村镇银行为例进行研究。139 份村镇银行问卷中剔除重复样本后剩余 119 份，即本章数据分析以 119 个样本为准①。

二、数据预处理

1. 问卷回访及编号

随机抽取 10 份问卷，5 份针对被调查者，根据被调查者反映 2015 年 1~2 月确实接受了本次问卷调研，并如实回答了相关问题，1 位被调查者配合完成了当份问卷未填写的问题；另 5 份针对调查者，根据调查者反映，2015 年 1~2 月确实进行了本次问卷调研，或亲自前往被调查单位或通过在该单位工作的亲戚朋友展开问卷调查，调查情况属实。

问卷全部采用三位数从 001 开始依次编号，数据录入时在编号前加上单位所在省份的拼音首字母大写，如“AH001”。

2. 数据录入和缺失值补充

采用 Excel 对 119 份问卷进行逐一录入，部分需要通过问卷内容计算得出指标值后再录入。因问卷中大部分问题选项为区间数值，为了数据处理方便，我们直接取中间值，两端如存在半封闭式区间数据，则根据最接近的封闭式区间数据的一半值往左或往右推算选取。

在问卷整理过程中，119 份有效问卷中 38 份存在数据缺失。我们采取以

① 重复问卷是不同的调查者对同一对象进行的调查问卷，在处理时采取电话或邮件回访，剔除不真实调研数据，余者还有重复问卷则采用网络信息公开的部分财务数据进行对比，将选取结果更为接近的问卷作为最终的样本。

下方法对问卷数据进行补充：①电话或邮件联系被调查者或调查者加以询问；②通过银监会网站及其他网络新闻查找相关数据和时间；③前两种方法之后剩余的缺失数据通过将原始数据导入 SPSS17.0，用序列均值法对所有缺失值进行补充。

第二节 描述性分析

一、地域分布

如表 7-1、图 7-1 所示，119 个样本数据中有 40 份来自东部地区，占比为 33.61%，63 份来自中部地区，占比为 52.94%，16 份来自西部地区，占比为 13.45%。其中湖南省 18 个，占总样本数的 15.13%，河南省 17 个，占比为 14.29%，安徽省 16 个，占比为 13.45%，广东省 10 个，占比为 8.40%，数量最少的省份为山东、吉林、四川、贵州、云南、内蒙古、北京、天津各 1 份，占比为 0.84%。

表 7-1 样本数据与实际数地区分布对比

地区	实际			样本		
	省级行政区	数量	占比（%）	省级行政区	数量	占比（%）
东部	北京	11	0.78	北京	1	0.84
	天津	13	0.92	天津	1	0.84
	河北	70	4.96	河北	9	7.56
	辽宁	62	4.40	辽宁	2	1.68
	江苏	74	5.25	江苏	4	3.36
	浙江	73	5.18	浙江	7	5.88
	福建	51	3.62	福建	2	1.68

续表

地区	实际			样本		
	省级行政区	数量	占比（%）	省级行政区	数量	占比（%）
东部	山东	125	8.87	山东	1	0.84
	广东	56	3.97	广东	10	8.40
	海南	18	1.28	海南	3	2.52
	上海	13	0.92	—	—	
	小计	**566**	**40.14**	**小计**	**40**	**33.61**
中部	山西	62	4.40	山西	5	4.20
	吉林	59	4.18	吉林	1	0.84
	安徽	66	4.68	安徽	16	13.45
	江西	64	4.54	江西	4	3.36
	河南	77	5.46	河南	17	14.29
	湖北	63	4.47	湖北	2	1.68
	湖南	34	2.41	湖南	18	15.13
	黑龙江	22	1.56	—	—	
	小计	**447**	**31.70**	**小计**	**63**	**52.94**
西部	重庆	37	2.62	重庆	3	2.52
	四川	50	3.55	四川	1	0.84
	贵州	54	3.83	贵州	1	0.84
	云南	61	4.33	云南	1	0.84
	甘肃	18	1.28	甘肃	4	3.36
	内蒙古	72	5.11	内蒙古	1	0.84
	广西	36	2.55	广西	5	4.20
	西藏	1	0.07	—	—	
	宁夏	15	1.06	—	—	
	新疆	25	1.77	—	—	
	陕西	25	1.77	—	—	
	青海	3	0.21	—	—	
	小计	**397**	**28.16**	**小计**	**16**	**13.45**
合计		**1410**	**100**	**合计**	**119**	**100**

资料来源：银监会金融信用许可证查询所得，截至2016年11月20日。

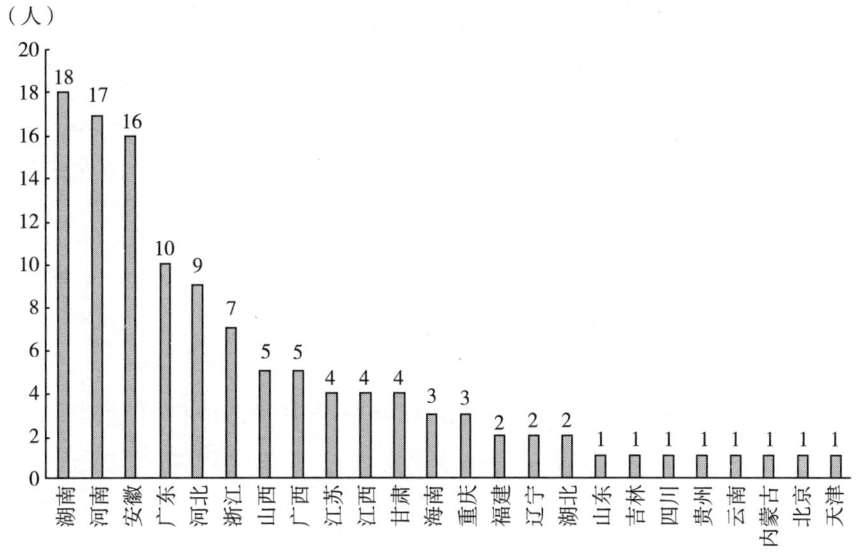

图 7-1　被调查者所在省份

由表 7-1、图 7-1 可知，样本数据中中部地区数据明显偏多，西部地区明显偏少，各省份数据中广东、安徽、河南、湖南等省份明显占比较大，山东、吉林、云南、内蒙古等省份数据占比较小。究其原因主要有以下几点：①部分省份信息披露工作完善，在获取数据时相对容易，且数据较为完整，如安徽、河南、广东、浙江、河北等省份；②部分省份距离较远，我们选择的调查员少有当地人员，获取数据难度大，如辽宁、山东、内蒙古、吉林等；③湖南省内的数据，我们在前期与湖南省农村工作部取得联系，且参与了沅陵县农村金融改革中期检查会议，因此对湖南省内相关数据获取较为翔实。由于我们在获取数据过程中尽可能要求真实、具体，虽然样本数据在地域分布上有一定的不均衡性，但数据本身依然具有很强的分析和借鉴意义。

二、发起行性质

被调查的 119 家村镇银行中，发起行基本不相同，统计较为困难，笔者遂依据其发起行的具体性质对发起行进行归类。首先依据银监会官网金融许可证查询条目中的信息将发起行性质按国有商业银行、农村合作银行、外资银行、农村信用社（农村商业银行）划分，统计后商业银行占比过高，不便于后文分析，遂将商业银行再次划分为大型商业银行（中、农、工、建、交）、中小型商业银行（金融年鉴中提到的除大型商业银行以外的12家全国性的股份制商业银行）、城市商业银行（《银行家》中城商行排行名单）和农村商业银行。统计显示，119家村镇银行中大部分的发起行为城商行和农商行，各41家，共占总样本的68.9%。农信社作为发起行的数量最少，只占1.68%。城商行和农商行分别由城市信用合作社和农村信用社进行股份制改革而来，其他商业银行在样本数据中数量较少，可见被调查对象中，支持村镇银行开展服务“三农”工作的很大部分依然是原来立足于农村市场开展业务的金融机构。各类型发起行样本数见图7-2。

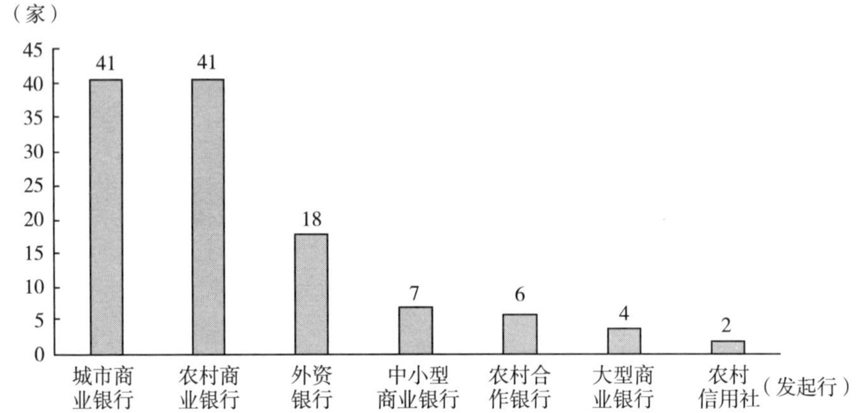

图7-2 发起行性质

三、竞争者分析

此处所说的竞争者指的是村镇银行开展对农业务时的最大竞争者，根据问卷中创新环境第4题统计得到。调查结果显示，村镇银行对农业务最大的竞争来自于农信社（农商行），约为71%，结合发起行性质的分析，农信社（农商行）在村镇银行发起行中也占据很大部分，可见虽然我国现阶段大力推进农信社改制农商行，但村镇银行与农商行或农信社未能实现真正意义上的错位发展，不仅在目标市场、目标人群上具有同质性，大部分的农村金融产品也同样如此。其他商业银行和国有银行均占比 9%，这其中主要是一些商业银行对农业务和农业银行的部分业务对村镇银行构成竞争。虽然我国现有 4500 多家新型金融组织，但农村新型金融组织占比也不高，只有 7%，相互之间并没有构成太大的竞争，可见我国农村新型金融组织还未能在目标市场上占据强势地位，市场占有率并不高。而政策性银行因为本身就承担特殊政策职能，其目标客户群与村镇银行本就不同，因而政策性银行作为最大竞争者只占 3%（见图 7-3）。

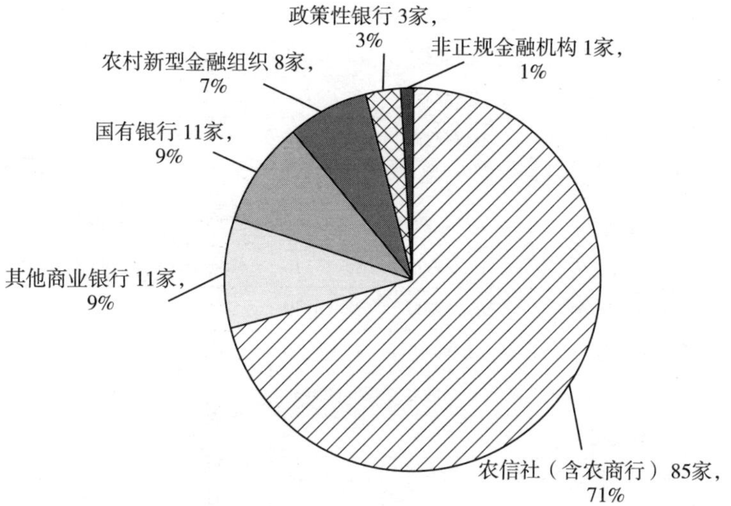

图 7-3　竞争者分析

四、变量描述

对原始数据进行预处理，处理后数据所有变量指标有效数均为 119，缺失均为 0，本章选取最小值、均值、中位数和标准差对所有变量进行描述，详见表 7-2。

表 7-2　变量描述

变量	变量名称	最小值	均值	中位数	最大值	标准差
X_1	注册资本	300.00000	8734.62390	5000.00000	49800.00000	8293.23173
X_2	研发投入	0.00000	21.93277	15.00000	65.00000	16.02579
X_3	推广费用	5.00000	19.06780	15.00000	55.00000	13.35546
X_4	科研经费	0.00000	18.31933	15.00000	55.00000	15.68057
X_5	硕士及以上员工占比	0.00000	8.35713	6.50000	46.66667	8.77298
X_6	中级职称及以上员工占比	0.00000	14.55396	9.80392	73.07692	15.51231
X_7	研发人员	1.50000	3.23950	4.50000	10.50000	1.72451
X_8	销售人员	7.50000	60.84034	57.50000	362.50000	46.15431
X_9	创新产品	0.00000	2.78205	1.50000	10.50000	2.51806
X_{10}	年均净利润	-250.00000	1331.19658	1250.00000	8750.00000	1268.85319
X_{11}	年均创新产品利润占比	5.00000	23.52174	23.52174	55.00000	14.68560
X_{12}	年均涉农贷款占比	10.00000	46.97479	50.00000	90.00000	27.87851
X_{13}	年均农户申贷成功比	10.00000	47.72269	50.00000	90.00000	26.00910
X_{14}	年均论文发表	0.00000	1.56303	1.50000	10.50000	2.51146
X_{15}	保证贷款占比	10.00000	40.08403	30.00000	90.00000	21.92034
X_{16}	抵质押贷款占比	10.00000	39.41176	30.00000	90.00000	24.40110
X_{17}	信用贷款占比	10.00000	28.48739	30.00000	90.00000	21.01810
X_{18}	竞争者数量	10.00000	41.26050	30.00000	410.00000	38.41245
X_{19}	政府补助	0.00000	769.62185	495.00000	3150.00000	717.21216
X_{20}	新产品研发用时	1.50000	4.73478	4.50000	13.50000	3.24776
X_{21}	涉农审贷时间	1.50000	4.77966	4.50000	10.50000	2.73361
X_{22}	不良贷款率	0.00000	1.56250	1.50000	4.50000	1.07578
X_{23}	单一集团客户授信集中度	1.50000	6.00982	6.00982	25.50000	3.36132
X_{24}	资本充足率	-2.50000	22.72124	17.50000	127.50000	23.43752
X_{25}	流动性比率	10.00000	62.69565	50.00000	210.00000	35.92180

表 7-2 中，注册资本标准差为 8293.23173，最大最小值相差较大，可见被调查的 119 家村镇银行成立之初的资本额有着较大差异，规模也不尽相同。年均净利润标准差为 1268.85319，各村镇银行盈利能力差别较大，结合原始数据来看，净利润偏低的样本中大部分村镇银行成立时间在 3 年以内，可知村

镇银行需要将近 3 年的适应期才能步入稳定发展期。各村镇银行获得的政府补助数量也相差较大，最低为 0，最高为 3150 万元，标准差为 717.21216。其余指标中，硕士及以上员工占比、研发人员数、创新产品数、年均论文发表数、新产品研发用时、涉农审贷时间、不良贷款率、单一集团客户授信集中度 8 项指标标准差均在 10 以下，可见各村镇银行间差别并不大。

第三节　农村新型金融组织创新能力分析

一、信度检验

信度即可靠性，是指采用同样的方法对同一对象重复测量时所得结果的一致性程度。该章节采用 α 信度系数法进行衡量，首先对预处理后的数据进行标准化得到 Z-score 值，再将 Z 值导入 SPSS17.0 中进行可靠性分析，得到 Cronbach's Alpha 值为 0.193，数值较低。通过查证后发现，导致 α 值偏低的原因是多方面的，共有 119 个样本，属于微观小样本，且 119 个样本中，某一家发起行的村镇银行有十几家，这十几家村镇银行管理模式一致，因此大部分数据也比较接近。

二、效度检验

1. 内容效度

村镇银行创新能力与商业银行创新能力的评价有着明显不同，商业银行的创新主要体现在中间业务的创新，而村镇银行的创新主要体现在其支农扶农业务的创新，因此我们在设计农村新型金融组织创新能力评价调查问卷时充分考虑这一点，选取村镇银行年报中能明显影响对农业务开展、市场拓展、可持续发展及风险水平的指标作为调查问卷的设计初衷。随后在参与沅陵县农村金融改革中期检查会议过程中找金融办和相关金融机构的负责人帮忙对问卷内容进行修改。所以，调查问卷中各个题目在内容效度上能够较好地反映各指标内容。

2. 结构效度

通过对预处理后数据进行因子分析，求得准则层各指标的 KMO 值，结果如表 7-3 所示，目标层创新能力、准则层创新投入、创新管理的 KMO 值均大于 0.50，创新产出和创新环境约为 0.50，创新能力、创新投入、创新产出和创新管理 Sig. 值均为 0.000，表明创新能力、创新投入、创新产出和创新管理具有结构效度，X_1 ~ X_{25}、X_1 ~ X_8、X_9 ~ X_{14}、X_{20} ~ X_{25}能够分别有效地代表 C、A_1、A_2、A_4。唯有准则层创新环境结构效度一般，原因在于第一次问卷调查时，政府补助一项分为增量奖励、定向财政补贴和税收优惠三个指标进行统计，第二次调查因多采用年报和财务报表进行调查，三个指标的详细数据较难获得，遂将其合二为一为政府补助进行统计，指标量减少，导致该层结构效度下降。

表 7-3　KMO 和 Bartlett 球体检验

指标	KMO	Bartlett 球体检验		
		近似卡方	df	Sig.
创新能力	0.651	801.373	300	0.000
创新投入（A_1）	0.573	142.908	28	0.000
创新产出（A_2）	0.499	93.989	15	0.000
创新环境（A_3）	0.499	16.526	10	0.086
创新管理（A_4）	0.566	109.464	15	0.000

三、准则层创新能力评价

在第六章构建创新能力评价体系时，将目标层创新能力分解为创新投入、创新产出、创新环境和创新管理四个维度构成的准则层，并通过 25 个指标对该四个维度进行反映。本章首先运用熵权-TOPSIS 法对准则层进行分析，以创新投入能力评价为例。

1. 创新投入能力原始指标数据归一化处理

创新投入包含注册资本（X_1）、研发投入（X_2）、推广费用（X_3）、科研经费（X_4）、硕士及以上学历员工占比（X_5）、中级及以上职称员工占比（X_6）、研发人员数（X_7）、销售人员数（X_8）八项指标。现对这八项指标所有原始数据进行归一化处理，得以下矩阵：

$$Y_{投入}=(y_{ij})_{119\times8}=\begin{pmatrix}0.19596 & 0.23077 & \cdots & 0.12676\\ 0.05455 & 0.07692 & \cdots & 0.14085\\ \vdots & \vdots & \ddots & \vdots\\ 0.17576 & 0.23077 & \cdots & 0.05634\end{pmatrix} \tag{7-1}$$

2. 熵值、熵权的计算

根据式（6-5）、式（6-6）、式（6-7），求解指标 $X_1 \sim X_8$ 的熵值和熵权，具体数值见表 7-4，构建熵权矩阵：

$$W_{投入}=(w)_{8\times8}=\begin{pmatrix}0.11096 & 0 & \cdots & 0\\ 0 & 0.07840 & \cdots & 0\\ \vdots & \vdots & \ddots & \vdots\\ 0 & 0 & \cdots & 0.06994\end{pmatrix} \tag{7-2}$$

表 7-4 二级指标熵值、熵权汇总

指标		熵值 e	熵权 w	指标		熵值 e	熵权 w
A_1	X_1	0.92301	0.11096	A_3	X_{15}	0.93426	0.25833
	X_2	0.94561	0.07840		X_{16}	0.91322	0.34100
	X_3	0.90391	0.13850		X_{17}	0.98439	0.06136
	X_4	0.91160	0.12741		X_{18}	0.99798	0.00792
	X_5	0.90045	0.14348		X_{19}	0.91566	0.33140
	X_6	0.90259	0.14041		—		
	X_7	0.86756	0.19090				
	X_8	0.95148	0.06994				
A_2	X_9	0.92042	0.14466	A_4	X_{20}	0.98199	0.09626
	X_{10}	0.94811	0.09432		X_{21}	0.96714	0.17560
	X_{11}	0.92379	0.13854		X_{22}	0.97694	0.12325
	X_{12}	0.92829	0.13036		X_{23}	0.99602	0.02128
	X_{13}	0.93859	0.11164		X_{24}	0.93283	0.35899
	X_{14}	0.79070	0.38047		X_{25}	0.95797	0.22462

3. 构建规范化的决策矩阵

根据式（6-9），将式（7-1）与式（7-2）相乘，得规范化决策矩阵：

$$H_{投入}=(h_{ij})_{119\times 8}=\begin{pmatrix} 0.02174 & 0.01809 & \cdots & 0.00887 \\ 0.00605 & 0.00603 & \cdots & 0.00985 \\ \vdots & \vdots & \ddots & \vdots \\ 0.01950 & 0.01809 & \cdots & 0.00394 \end{pmatrix} \tag{7-3}$$

4. 确定创新投入能力的最优解和最劣解

因归一化处理中已将指标全部正向化，所以根据式（6-10）和式（6-11）取各指标的最大值和最小值即得最优解和最劣解（见表7-5）。

表7-5 创新投入能力最优解和最劣解

h^+	0.11096	0.07840	0.13850	0.12741	0.14347	0.14040	0.19090	0.6994
h^-	0.00000	0.00000	0.00000	0.00000	0.00000	0.00000	0.00000	0.00000

5. 求解距离和相对接近度

根据式（6-12）、式（6-13）、式（6-14）将表7-5中数据代入式（7-3）中，得与最优解和最劣解的距离值 d^+、d^- 及相对接近度 O 值。结果见表7-6：

表7-6 创新投入能力 d^+、d^-、O 值

Num	d^+值	d^-值	O 值
AH001	0.31400	0.07577	0.19440
AH002	0.28467	0.11111	0.28074
AH003	0.25398	0.16372	0.39196
AH004	0.33308	0.06224	0.15744
AH005	0.31797	0.06775	0.17565
AH006	0.29395	0.09499	0.24422
AH007	0.26001	0.16483	0.38798
AH008	0.26652	0.11963	0.30980

续表

Num	d⁺值	d⁻值	O 值
AH087	0. 35378	0. 03155	0. 08188
AH097	0. 29010	0. 10658	0. 26869
FJ009	0. 30868	0. 08385	0. 21362
GS010	0. 29948	0. 08351	0. 21804
GS012	0. 34549	0. 03938	0. 10233
GS013	0. 28777	0. 10454	0. 26648
GD014	0. 27369	0. 12307	0. 31019
GD015	0. 31262	0. 07614	0. 19585
GX016	0. 30801	0. 08509	0. 21647
GX017	0. 23789	0. 16494	0. 40946
GX019	0. 28283	0. 10054	0. 26225
GX020	0. 25273	0. 13287	0. 34459
GZ021	0. 21002	0. 21763	0. 50890
hn022	0. 25341	0. 15044	0. 37252
hn023	0. 27910	0. 19293	0. 40872
hn024	0. 32834	0. 06738	0. 17028
HB025	0. 29807	0. 09611	0. 24381
HN027	0. 35738	0. 01983	0. 05256
HN028	0. 29022	0. 10611	0. 26773
HN029	0. 27236	0. 13945	0. 33863
HN030	0. 28849	0. 16706	0. 36672
HN031	0. 29164	0. 10984	0. 27359
HN032	0. 34222	0. 04235	0. 11013
HN033	0. 26664	0. 12949	0. 32689
Hb034	0. 25625	0. 16122	0. 38619
Hb036	0. 27367	0. 12334	0. 31068
Hn037	0. 24176	0. 16984	0. 41263
Hn038	0. 34434	0. 04440	0. 11422
Hn042	0. 27989	0. 10884	0. 27999

续表

Num	d^+值	d^-值	O 值
Hn044	0. 22662	0. 16885	0. 42696
Hn045	0. 26021	0. 17878	0. 40726
Hn047	0. 32582	0. 05546	0. 14546
Hn051	0. 24668	0. 19904	0. 44656
Hn052	0. 26581	0. 12424	0. 31851
Hn053	0. 24415	0. 21274	0. 46562
Hn054	0. 26603	0. 12416	0. 31822
Hn057	0. 26476	0. 11186	0. 29700
Hn059	0. 28859	0. 10681	0. 27014
Hn060	0. 28271	0. 14922	0. 34546
Hn061	0. 27353	0. 17130	0. 38509
Hn063	0. 27075	0. 12575	0. 31715
Hn064	0. 32179	0. 07091	0. 18057
Hn065	0. 30170	0. 08624	0. 22231
Hn066	0. 29922	0. 12686	0. 29774
JL067	0. 29922	0. 10004	0. 25056
JS068	0. 24664	0. 16820	0. 40547
JS069	0. 33748	0. 06098	0. 15303
JS070	0. 33553	0. 04707	0. 12302
JX072	0. 19766	0. 22033	0. 52712
JX073	0. 23169	0. 14869	0. 39090
LN078	0. 28678	0. 08856	0. 23595
SD079	0. 34218	0. 04478	0. 11572
SX071	0. 34264	0. 06544	0. 16037
SX074	0. 33913	0. 05088	0. 13045
SX075	0. 29078	0. 08814	0. 23261
SX076	0. 26748	0. 11915	0. 30817
SX077	0. 30814	0. 08703	0. 22023
GD081	0. 25118	0. 12045	0. 32411
YN082	0. 25362	0. 14944	0. 37076

续表

Num	d^+值	d^-值	O 值
ZJ083	0. 26774	0. 11374	0. 29815
ZJ084	0. 27711	0. 09485	0. 25500
CQ085	0. 33126	0. 06565	0. 16539
CQ086	0. 20318	0. 21085	0. 50926
GS116	0. 27927	0. 12371	0. 30699
LN117	0. 33432	0. 04812	0. 12583
NM118	0. 30376	0. 08586	0. 22037
HN119	0. 30101	0. 08912	0. 22845
AH120	0. 32555	0. 08773	0. 21228
AH121	0. 31171	0. 09720	0. 23772
BJ122	0. 23794	0. 18153	0. 43276
GD123	0. 30877	0. 08581	0. 21748
SC124	0. 32534	0. 07784	0. 19306
GX125	0. 29294	0. 12636	0. 30136
ZJ126	0. 31324	0. 10659	0. 25389
ZJ128	0. 33895	0. 08398	0. 19857
CQ129	0. 26158	0. 14714	0. 36000
HN130	0. 34542	0. 04226	0. 10900
HN131	0. 29336	0. 12524	0. 29919
GD132	0. 35051	0. 02782	0. 07355
ZJ134	0. 32030	0. 07454	0. 18879
ZJ135	0. 30671	0. 12072	0. 28243
GD136	0. 32651	0. 07466	0. 18611
GD137	0. 29416	0. 14021	0. 32279
GD138	0. 31875	0. 08794	0. 21624
ZJ139	0. 27911	0. 12053	0. 30160
FJ140	0. 27952	0. 11244	0. 28687
JX141	0. 23317	0. 20507	0. 46795
TJ142	0. 30830	0. 10012	0. 24515
HN143	0. 31621	0. 07492	0. 19155

续表

Num	d^+值	d^-值	O 值
HN144	0. 34686	0. 03410	0. 08950
HN145	0. 31955	0. 06855	0. 17662
GD146	0. 28764	0. 12532	0. 30347
HN148	0. 28086	0. 11981	0. 29903
HN149	0. 31125	0. 10226	0. 24730
HB150	0. 31456	0. 10117	0. 24335
HN151	0. 32697	0. 05604	0. 14632
HB152	0. 33567	0. 04845	0. 12613
HN153	0. 33178	0. 05714	0. 14691
HB154	0. 32069	0. 08341	0. 20641
HB155	0. 33399	0. 06522	0. 16338
HB156	0. 32076	0. 14143	0. 30600
HB157	0. 25879	0. 23750	0. 47855
HB158	0. 31078	0. 12739	0. 29073
HB159	0. 32015	0. 08310	0. 20608
AH160	0. 24710	0. 13707	0. 35680
AH161	0. 33233	0. 04789	0. 12596
GD163	0. 31387	0. 14291	0. 31286
JS164	0. 33652	0. 05120	0. 13204
JX165	0. 33180	0. 05804	0. 14889
AH167	0. 33741	0. 04855	0. 12580
AH168	0. 31758	0. 07116	0. 18306

6. 创新产出、创新环境、创新管理能力评价

创新产出能力、创新环境能力和创新管理能力三个维度的评价过程与创新投入能力维度完全相同，计算过程同上文，最后对四个维度的 O 值进行整理排序，得到相对维度下的评价对象创新能力排名，结果见表 7-7。

表 7-7 准则层四个维度排名表

Num	创新投入		创新产出		创新环境		创新管理	
	O 值	排名	O 值	排名	O 值	排名	O 值	排名
AH001	0. 19440	85	0. 29135	41	0. 35581	65	0. 30482	81
AH002	0. 28074	52	0. 17903	88	0. 38961	40	0. 30116	84
AH003	0. 39196	15	0. 52070	12	0. 52363	12	0. 32220	64
AH004	0. 15744	98	0. 36879	20	0. 43843	26	0. 35738	52
AH005	0. 17565	93	0. 13211	106	0. 43192	32	0. 37090	46
AH006	0. 24422	65	0. 30190	36	0. 35100	67	0. 35242	54
AH007	0. 38798	17	0. 26842	49	0. 19137	106	0. 21313	116
AH008	0. 30980	37	0. 28018	45	0. 35914	60	0. 32085	65
AH087	0. 08188	117	0. 28232	44	0. 48932	17	0. 33512	61
AH097	0. 26869	56	0. 59137	8	0. 33097	72	0. 36037	51
FJ009	0. 21362	79	0. 17971	87	0. 63789	5	0. 29463	90
GS010	0. 21804	75	0. 15300	98	0. 25134	95	0. 31642	69
GS012	0. 10233	115	0. 32051	33	0. 28875	86	0. 40110	27
GS013	0. 26648	58	0. 27895	46	0. 12711	116	0. 30998	76
GD014	0. 31019	36	0. 22423	68	0. 27860	87	0. 27623	103
GD015	0. 19585	84	0. 48174	13	0. 33058	73	0. 24209	113
GX016	0. 21647	77	0. 45617	15	0. 32490	77	0. 38066	38
GX017	0. 40946	11	0. 04751	119	0. 18784	107	0. 26596	106
GX019	0. 26225	59	0. 25211	58	0. 26784	94	0. 36087	50
GX020	0. 34459	26	0. 21202	75	0. 57341	9	0. 32892	63
GZ021	0. 50890	3	0. 14562	100	0. 18180	108	0. 26597	105
hn022	0. 37252	20	0. 70599	2	0. 43699	28	0. 37416	42
hn023	0. 40872	12	0. 13648	104	0. 40033	36	0. 24926	110
hn024	0. 17028	94	0. 38787	19	0. 47252	19	0. 31404	71
HB025	0. 24381	66	0. 14891	99	0. 12851	115	0. 26478	108
HN027	0. 05256	119	0. 26506	52	0. 36377	52	0. 39293	31
HN028	0. 26773	57	0. 19803	78	0. 18176	109	0. 18482	117
HN029	0. 33863	27	0. 18061	86	0. 12451	119	0. 27883	97
HN030	0. 36672	22	0. 26359	53	0. 50546	13	0. 31227	73

续表

Num	创新投入		创新产出		创新环境		创新管理	
	O 值	排名	O 值	排名	O 值	排名	O 值	排名
HN031	0. 27359	54	0. 22375	70	0. 15507	112	0. 30587	80
HN032	0. 11013	113	0. 27012	47	0. 66216	3	0. 31080	74
HN033	0. 32689	28	0. 18416	83	0. 33359	71	0. 31592	70
Hb034	0. 38619	18	0. 33278	28	0. 29944	83	0. 39302	30
Hb036	0. 31068	35	0. 35268	23	0. 31567	78	0. 28959	93
Hn037	0. 41263	10	0. 42129	18	0. 31232	80	0. 24440	111
Hn038	0. 11422	112	0. 33807	25	0. 43192	31	0. 31699	68
Hn042	0. 27999	53	0. 29030	42	0. 37812	44	0. 29705	88
Hn044	0. 42696	9	0. 56338	9	0. 47529	18	0. 27835	98
Hn045	0. 40726	13	0. 32085	32	0. 35374	66	0. 27940	96
Hn047	0. 14546	103	0. 33075	29	0. 32721	76	0. 31261	72
Hn051	0. 44656	7	0. 28763	43	0. 33039	75	0. 13931	119
Hn052	0. 31851	31	0. 21204	74	0. 35800	63	0. 34490	57
Hn053	0. 46562	6	0. 47638	14	0. 12451	117	0. 29542	89
Hn054	0. 31822	32	0. 74360	1	0. 54715	11	0. 26961	104
Hn057	0. 29700	48	0. 33799	26	0. 45078	25	0. 29730	86
Hn059	0. 27014	55	0. 32123	31	0. 39800	37	0. 27940	95
Hn060	0. 34546	25	0. 35357	22	0. 24114	97	0. 29727	87
Hn061	0. 38509	19	0. 55760	10	0. 69862	2	0. 30844	79
Hn063	0. 31715	33	0. 16471	96	0. 21230	103	0. 30929	77
Hn064	0. 18057	91	0. 24390	59	0. 27091	90	0. 24209	114
Hn065	0. 22231	72	0. 42144	17	0. 36427	51	0. 33696	60
Hn066	0. 29774	47	0. 07099	117	0. 46830	21	0. 31054	75
JL067	0. 25056	62	0. 22265	72	0. 33058	74	0. 28528	94
JS068	0. 40547	14	0. 69418	3	0. 27296	89	0. 30848	78
JS069	0. 15303	99	0. 17561	89	0. 19469	105	0. 34705	56
JS070	0. 12302	110	0. 30863	35	0. 38873	41	0. 31884	67
JX072	0. 52712	1	0. 62371	7	0. 72407	1	0. 36570	48
JX073	0. 39090	16	0. 20170	77	0. 15420	113	0. 30150	83

续表

Num	创新投入		创新产出		创新环境		创新管理	
	O 值	排名	O 值	排名	O 值	排名	O 值	排名
LN078	0.23595	69	0.33923	24	0.12451	118	0.37414	43
SD079	0.11572	111	0.29268	39	0.36312	53	0.41697	24
SX071	0.16037	97	0.29200	40	0.31436	79	0.45897	16
SX074	0.13045	105	0.26248	55	0.29614	84	0.38681	33
SX075	0.23261	70	0.52721	11	0.18065	110	0.29306	92
SX076	0.30817	38	0.32766	30	0.14385	114	0.31933	66
SX077	0.22023	74	0.63937	6	0.64357	4	0.41213	25
GD081	0.32411	29	0.23550	62	0.45692	22	0.29814	85
YN082	0.37076	21	0.23451	63	0.37535	45	0.24317	112
ZJ083	0.29815	46	0.69388	4	0.45577	23	0.26504	107
ZJ084	0.25500	60	0.65369	5	0.23817	98	0.38628	34
CQ085	0.16539	95	0.44593	16	0.43557	30	0.34746	55
CQ086	0.50926	2	0.21590	73	0.59101	8	0.17569	118
GS116	0.30699	39	0.23260	64	0.35859	62	0.38093	36
LN117	0.12583	108	0.18730	82	0.54763	10	0.37736	40
NM118	0.22037	73	0.30973	34	0.36081	57	0.33718	59
HN119	0.22845	71	0.17388	91	0.43779	27	0.27809	99
AH120	0.21228	80	0.17221	92	0.49360	16	0.27785	100
AH121	0.23772	68	0.10037	114	0.43684	29	0.37281	45
BJ122	0.43276	8	0.22758	66	0.35778	64	0.36155	49
GD123	0.21748	76	0.10980	111	0.15569	111	0.45970	15
SC124	0.19306	86	0.13684	103	0.49445	15	0.39410	29
GX125	0.30136	43	0.16439	97	0.46938	20	0.29458	91
ZJ126	0.25389	61	0.10708	112	0.26974	93	0.21834	115
ZJ128	0.19857	83	0.11205	110	0.49494	14	0.30380	82
CQ129	0.36000	23	0.17445	90	0.59930	7	0.26245	109
HN130	0.10900	114	0.16746	95	0.39764	38	0.42679	22
HN131	0.29919	44	0.35873	21	0.62442	6	0.33130	62
GD132	0.07355	118	0.25989	57	0.27048	92	0.63542	4

续表

Num	创新投入		创新产出		创新环境		创新管理	
	O 值	排名	O 值	排名	O 值	排名	O 值	排名
ZJ134	0. 18879	88	0. 26095	56	0. 24737	96	0. 41719	23
ZJ135	0. 28243	51	0. 33330	27	0. 36645	50	0. 38024	39
GD136	0. 18611	89	0. 24040	61	0. 35985	58	0. 45085	18
GD137	0. 32279	30	0. 18070	85	0. 37291	48	0. 37430	41
GD138	0. 21624	78	0. 10172	113	0. 34236	70	0. 57995	7
ZJ139	0. 30160	42	0. 29691	37	0. 27341	88	0. 36951	47
FJ140	0. 28687	50	0. 11954	108	0. 40676	35	0. 35500	53
JX141	0. 46795	5	0. 17182	93	0. 21304	101	0. 27785	101
TJ142	0. 24515	64	0. 22651	67	0. 23674	99	0. 27739	102
HN143	0. 19155	87	0. 07845	116	0. 21823	100	0. 49233	12
HN144	0. 08950	116	0. 13308	105	0. 34958	68	0. 49324	11
HN145	0. 17662	92	0. 20771	76	0. 30894	82	0. 45071	19
GD146	0. 30347	41	0. 19675	79	0. 42909	33	0. 34106	58
HN148	0. 29903	45	0. 17112	94	0. 36265	54	0. 52961	8
HN149	0. 24730	63	0. 18376	84	0. 31076	81	0. 41138	26
HB150	0. 24335	67	0. 26713	50	0. 35912	61	0. 39274	32
HN151	0. 14632	102	0. 18730	81	0. 29460	85	0. 50169	9
HB152	0. 12613	106	0. 26546	51	0. 36158	56	0. 50134	10
HN153	0. 14691	101	0. 14461	101	0. 40984	34	0. 60883	6
HB154	0. 20641	81	0. 22315	71	0. 36239	55	0. 47219	13
HB155	0. 16338	96	0. 29298	38	0. 35948	59	0. 66062	3
HB156	0. 30600	40	0. 24241	60	0. 19489	104	0. 44116	20
HB157	0. 47855	4	0. 18784	80	0. 27089	91	0. 61032	5
HB158	0. 29073	49	0. 22407	69	0. 45446	24	0. 89265	1
HB159	0. 20608	82	0. 26881	48	0. 37821	43	0. 87912	2
AH160	0. 35680	24	0. 14059	102	0. 34506	69	0. 38070	37
AH161	0. 12596	107	0. 08495	115	0. 37307	47	0. 37394	44
GD163	0. 31286	34	0. 13051	107	0. 36821	49	0. 46430	14
JS164	0. 13204	104	0. 26308	54	0. 39679	39	0. 38288	35

续表

Num	创新投入		创新产出		创新环境		创新管理	
	O 值	排名	O 值	排名	O 值	排名	O 值	排名
JX165	0. 14889	100	0. 23072	65	0. 37428	46	0. 40004	28
AH167	0. 12580	109	0. 11599	109	0. 38642	42	0. 45750	17
AH168	0. 18306	90	0. 05748	118	0. 21270	102	0. 43534	21

四、目标层创新能力评价

1. 创新能力原始指标数据归一化处理

创新投入（A_1）、创新产出（A_2）、创新环境（A_3）、创新管理（A_4）四个准则层维度构成目标层村镇银行的创新能力，将前文计算得出各个维度的 O 值作为创新能力评价的原始数据，归一化后得如下矩阵：

$$Y_{创新}=(y_{ij})_{119\times4}=\begin{pmatrix}0.29888 & 0.35030 & \cdots & 0.21970\\ 0.48083 & 0.18894 & \cdots & 0.21484\\ \vdots & \vdots & \ddots & \vdots\\ 0.27499 & 0.01432 & \cdots & 0.39296\end{pmatrix} \tag{7-4}$$

2. 熵值、熵权的计算

根据式（6-5）、式（6-6）、式（6-7），求解指标 $A_1\sim A_4$ 的熵值和熵权，具体数值见表 7-8，构建熵权矩阵：

表 7-8　一级指标熵值、熵权汇总

指标		熵值 e	熵权 w
创新能力	A_1	0. 97201	0. 21599
	A_2	0. 95856	0. 31979
	A_3	0. 96418	0. 27639
	A_4	0. 97566	0. 18784

$$W_{创新}=(w)_{4\times4}=\begin{pmatrix}0.21599 & 0 & \cdots & 0\\ 0 & 0.31979 & \cdots & 0\\ \vdots & \vdots & \ddots & \vdots\\ 0 & 0 & \cdots & 0.18784\end{pmatrix} \tag{7-5}$$

3. 构建规范化的决策矩阵

根据式（6-9），将式（6-4）与式（6-5）相乘，得规范化决策矩阵：

$$H_{创新}=(h_{ij})_{119\times4}=\begin{pmatrix}0.06455 & 0.11202 & \cdots & 0.04127\\ 0.10385 & 0.06042 & \cdots & 0.04035\\ \vdots & \vdots & \ddots & \vdots\\ 0.05939 & 0.00458 & \cdots & 0.07381\end{pmatrix} \tag{7-6}$$

4. 确定创新投入能力的最优解和最劣解

根据式（6-10）和式（6-11）取各指标的最大值和最小值即得最优解和最劣解（见表 7-9）。

表 7-9　创新能力最优解和最劣解

h^+	0.21599	0.31979	0.27639	0.18784
h^-	0.00000	0.00000	0.00000	0.00000

5. 求解距离和相对接近度及创新能力排序

根据式（6-12）、式（6-13）、式（6-14）将表 7-9 中数据代入式（7-6）中，得到与最优解和最劣解的距离值 d^+、d^- 及相对接近度 O 值，并根据 O 值的大小依次进行排序得到村镇银行创新能力综合排名，结果见表 7-10：

表 7-10　创新能力 d^+、d^-、O 值及排名

Num	d^+ 值	d^- 值	O 值	排名
AH001	0.34117	0.17259	0.33594	71
AH002	0.35408	0.17606	0.33211	77
AH003	0.20746	0.32718	0.61197	6
AH004	0.30514	0.21900	0.41783	32

续表

Num	d⁺值	d⁻值	O 值	排名
AH005	0.37359	0.16753	0.30960	88
AH006	0.32477	0.18706	0.36547	51
AH007	0.37507	0.18680	0.33246	76
AH008	0.32208	0.19718	0.37973	44
AH087	0.34206	0.20611	0.37599	47
AH097	0.26302	0.29017	0.52455	11
FJ009	0.33359	0.25801	0.43612	26
GS010	0.40192	0.11571	0.22354	113
GS012	0.36118	0.16197	0.30961	87
GS013	0.39557	0.15032	0.27537	103
GD014	0.36397	0.16295	0.30925	89
GD015	0.31051	0.23180	0.42742	29
GX016	0.29595	0.23015	0.43746	25
GX017	0.43664	0.16803	0.27789	102
GX019	0.35683	0.15925	0.30858	90
GX020	0.30186	0.26160	0.46427	15
GZ021	0.40304	0.21648	0.34943	61
hn022	0.19869	0.37000	0.65062	5
hn023	0.35876	0.21181	0.37123	50
hn024	0.29554	0.23442	0.44233	24
HB025	0.43721	0.10358	0.19154	117
HN027	0.37161	0.16172	0.30322	95
HN028	0.41280	0.12328	0.22996	112
HN029	0.41722	0.14799	0.26183	107
HN030	0.29164	0.25099	0.46255	17
HN031	0.40070	0.13638	0.25392	109
HN032	0.32434	0.27277	0.45682	19
HN033	0.35699	0.17538	0.32944	81
Hb034	0.30590	0.22525	0.42408	30

续表

Num	d^+值	d^-值	O 值	排名
Hb036	0. 31624	0. 20646	0. 39499	40
Hn037	0. 29461	0. 25402	0. 46301	16
Hn038	0. 32979	0. 20162	0. 37940	45
Hn042	0. 32172	0. 19588	0. 37844	46
Hn044	0. 21341	0. 33549	0. 61120	7
Hn045	0. 30532	0. 23284	0. 43266	27
Hn047	0. 34718	0. 17122	0. 33029	79
Hn051	0. 33681	0. 23094	0. 40676	37
Hn052	0. 34027	0. 18595	0. 35337	60
Hn053	0. 33826	0. 27509	0. 44851	22
Hn054	0. 19956	0. 39484	0. 66427	3
Hn057	0. 28914	0. 23315	0. 44640	23
Hn059	0. 31194	0. 20672	0. 39857	38
Hn060	0. 33248	0. 20490	0. 38130	42
Hn061	0. 18121	0. 38683	0. 68100	2
Hn063	0. 39582	0. 14434	0. 26722	105
Hn064	0. 38410	0. 12941	0. 25201	110
Hn065	0. 29641	0. 22388	0. 43030	28
Hn066	0. 37597	0. 19876	0. 34584	63
JL067	0. 35911	0. 15794	0. 30546	94
JS068	0. 26085	0. 34716	0. 57098	9
JS069	0. 41849	0. 09635	0. 18715	119
JS070	0. 34369	0. 17961	0. 34322	64
JX072	0. 14247	0. 44306	0. 75669	1
JX073	0. 39567	0. 17479	0. 30640	93
LN078	0. 38102	0. 16839	0. 30649	92
SD079	0. 34602	0. 17437	0. 33508	73
SX071	0. 34390	0. 17040	0. 33132	78
SX074	0. 36915	0. 14518	0. 28228	100

续表

Num	d^+值	d^-值	O 值	排名
SX075	0. 33609	0. 23963	0. 41622	33
SX076	0. 37205	0. 17942	0. 32535	82
SX077	0. 19374	0. 37635	0. 66016	4
GD081	0. 31649	0. 21859	0. 40852	36
YN082	0. 33441	0. 20590	0. 38108	43
ZJ083	0. 22620	0. 35352	0. 60981	8
ZJ084	0. 28837	0. 30427	0. 51342	12
CQ085	0. 28631	0. 24371	0. 45982	18
CQ086	0. 30750	0. 30906	0. 50126	13
GS116	0. 33138	0. 18951	0. 36382	52
LN117	0. 34899	0. 21634	0. 38268	41
NM118	0. 32626	0. 18613	0. 36326	53
HN119	0. 35760	0. 17842	0. 33286	75
AH120	0. 35246	0. 19675	0. 35824	55
AH121	0. 37283	0. 17836	0. 32358	83
BJ122	0. 32263	0. 22676	0. 41275	34
GD123	0. 43006	0. 11420	0. 20982	116
SC124	0. 35704	0. 19721	0. 35582	57
GX125	0. 34262	0. 20610	0. 37561	48
ZJ126	0. 41606	0. 11839	0. 22151	114
ZJ128	0. 37317	0. 19010	0. 33749	69
CQ129	0. 31961	0. 26800	0. 45609	20
HN130	0. 37737	0. 15712	0. 29397	97
HN131	0. 25244	0. 29739	0. 54088	10
GD132	0. 37394	0. 17158	0. 31453	84
ZJ134	0. 36772	0. 14652	0. 28492	99
ZJ135	0. 30238	0. 21031	0. 41021	35
GD136	0. 34330	0. 17132	0. 33291	74
GD137	0. 34414	0. 18819	0. 35352	59

续表

Num	d^+值	d^-值	O 值	排名
GD138	0. 37950	0. 16830	0. 30723	91
ZJ139	0. 33589	0. 18434	0. 35435	58
FJ140	0. 36541	0. 17969	0. 32965	80
JX141	0. 38564	0. 20460	0. 34664	62
TJ142	0. 38328	0. 13530	0. 26091	108
HN143	0. 42549	0. 11755	0. 21647	115
HN144	0. 39756	0. 14276	0. 26421	106
HN145	0. 36718	0. 14786	0. 28708	98
GD146	0. 33299	0. 19996	0. 37520	49
HN148	0. 34044	0. 19321	0. 36205	54
HN149	0. 36479	0. 15410	0. 29698	96
HB150	0. 32930	0. 18278	0. 35694	56
HN151	0. 37954	0. 14233	0. 27273	104
HB152	0. 34497	0. 17674	0. 33878	68
HN153	0. 36285	0. 18665	0. 33968	67
HB154	0. 34244	0. 17415	0. 33712	70
HB155	0. 31915	0. 20950	0. 39629	39
HB156	0. 36787	0. 16745	0. 31281	86
HB157	0. 33805	0. 24514	0. 42034	31
HB158	0. 28981	0. 27703	0. 48873	14
HB159	0. 30718	0. 25085	0. 44953	21
AH160	0. 35996	0. 18698	0. 34186	66
AH161	0. 40964	0. 13403	0. 24652	111
GD163	0. 35659	0. 18621	0. 34306	65
JS164	0. 34638	0. 17481	0. 33540	72
JX165	0. 35530	0. 16276	0. 31417	85
AH167	0. 39051	0. 15157	0. 27960	101
AH168	0. 43869	0. 10320	0. 19044	118

第四节　实证结果分析

一、按地区统计分析

笔者将所有样本四个维度的排名情况进行汇总，并将其分地区进行最大、最小、平均值和标准差的统计，得到表 7-11。由表 7-11 我们可以得出以下几个初步观察结果。

表 7-11　分地区排名统计结果

指标	统计值	东部	中部	西部
创新投入	最小值	4	1	2
	最大值	118	119	115
	平均值	64. 48	59. 60	50. 38
	标准差	31. 76	36. 12	34. 57
创新产出	最小值	2	1	15
	最大值	113	118	119
	平均值	61. 30	57. 21	67. 75
	标准差	33. 52	35. 79	32. 32
创新环境	最小值	5	1	7
	最大值	118	119	116
	平均值	61. 35	59. 52	58. 50
	标准差	32. 34	34. 94	39. 86
创新管理	最小值	1	6	27
	最大值	115	119	118
	平均值	48. 98	64. 10	71. 44
	标准差	36. 62	32. 39	31. 69

续表

指标	统计值	东部	中部	西部
创新能力	最小值	5	1	13
	最大值	119	118	113
	平均值	59.65	61.17	56.25
	标准差	33.33	35.83	33.87

1. 中部地区极值突出

从各个维度的最大和最小值来看，中部地区创新投入最小值为1、最大值为119，创新产出最小值为1、最大值为118，创新环境最小值为1、最大值为119，创新管理最小值为6、最大值为119，创新能力最小值为1、最大值为118。由此可以看出，中部地区这几个维度上有表现特别突出的，创新投入、创新产出、创新环境、创新能力四个维度分别排名第一的村镇银行均在中部地区，但同时表现较差的也存在，中部地区村镇银行在四个维度上排名最末的均为第118或第119名。可见，中部地区村镇银行各维度排名极值较为突出。

2. 各地区各维度离散程度相近

四个维度在东部、中部和西部地区的分布标准差均在30~40，这说明我们选取的样本在三个地区的排名离散程度差别不大，村镇银行在各地区发展的内部差距相互之间没有较明显的差异。

3. 创新投入和创新环境由东往西逐渐上升

由于所有标准差数值相近，因此可以通过各个平均值的大小来大致判断优劣。从平均值来看，创新投入和创新环境两个维度的平均值有较明显的从东部到西部减小的趋势，也就是说，创新投入和创新环境状况从东往西渐好。可能的原因是东部地区经济相对较为发达，西部地区经济相对落后，越往西部农村金融服务的需求量越大，东部地区的农村金融功能随着城镇化的推进一部分由城市金融所承担，因此西部地区需要更大的投入支持其支农工作的开展，国家在进行农村金融改革时采取了分批次农村金融改革试点推进的方式，这些试点区要么是典型的农业区，要么是需要重点突破的农村金融改革区，多集中在中西部地区，因此相对而言，中西部地区的创新环境要比东部地区的更有优势。

4. 创新管理由东往西逐渐下降

与前面反过来的是创新管理维度，该维度的平均值从东往西数值明显增大，说明从东往西村镇银行的创新管理能力逐渐下降。可能的原因是东部地区不管是经济发达程度还是接受新事物的程度都较中西部地区要强，人才的聚集也相对较多，因此会在创新管理维度上明显高于中西部地区。

5. 各地区创新能力相近

虽然东部、中部和西部地区在创新投入、创新产出、创新环境和创新管理上差别较大，但最终的创新能力相差并不大，东部平均值为 59. 65、中部为 61. 17，西部为 56. 25，这也正说明了各地区虽在四项准则层维度上各有千秋，但创新能力是前四者的综合评价。

二、按省份统计分析

为便于分析各个省份之间的区别，笔者将样本量超过三个的省份全部提取出来，并对其样本的排名情况进行了基本统计，其结果如表 7-12 所示。

1. 各省份样本在不同维度上的离散程度差异较大

所有省份在不同维度上的标准差从 8. 50 到 51. 82 不等，跨度较大，可见各省份样本排名的离散程度差别较大。如海南省创新环境维度的标准差为 8. 5，说明海南省三个样本排名较为接近，靠近均值 27. 67；江西省创新环境维度的标准差为 51. 82，说明江西省四个样本创新环境排名相对分散，四个样本所处环境下不同贷款的比重、竞争者数量和政府提供的补助支持差别明显。

2. 各省份的创新投入比较

单独分析创新投入维度，以平均值作为分析依据来看，创新投入能力最好的为江西省，平均值是 30. 5，但这种优势并不明显；而创新投入能力最差的为江苏省，平均值是 81. 75；山西省的平均值是 76. 80。

3. 各省份的创新产出比较

单独分析创新产出维度，以平均值作为分析依据来看，创新产出能力最好的为山西省，平均值是 28. 40，优势也不明显；最差的为广东省，平均值是 75. 60；河南省的平均值是 78. 41。

表 7-12 分省份排名统计结果（样本量≥3）

指标	统计值	河北	江苏	浙江	广东	海南	山西	安徽	江西	河南	湖南	重庆	甘肃	广西
创新投入	最小值	4	14	42	29	12	38	15	1	22	6	2	39	11
	最大值	106	110	88	118	94	105	117	100	119	112	95	115	77
	平均值	65.67	81.75	61.57	61.50	42.00	76.80	69.56	30.50	73.82	42.56	40.00	71.75	43.20
	标准差	31.20	45.39	17.78	31.29	45.21	26.28	33.39	46.77	34.01	33.31	48.77	32.37	26.10
创新产出	最小值	38	3	4	13	2	6	8	7	21	1	16	33	15
	最大值	99	89	112	113	104	55	118	93	116	117	90	98	119
	平均值	62.89	45.25	50.14	75.60	41.67	28.40	68.69	60.50	78.41	36.94	59.67	60.25	72.80
	标准差	18.90	35.97	45.31	30.66	54.65	20.31	40.28	37.47	23.88	31.16	38.76	28.19	39.64
创新环境	最小值	24	39	14	22	19	4	12	1	3	2	7	62	9
	最大值	115	105	98	111	36	114	106	113	119	117	30	116	107
	平均值	67.56	68.50	66.00	64.30	27.67	78.20	50.13	65.25	62.00	55.94	15.00	89.75	61.40
	标准差	29.66	33.56	36.39	27.65	8.50	44.25	28.87	51.82	37.56	34.28	13.00	22.37	44.29
创新管理	最小值	1	35	23	4	42	16	17	28	6	57	55	27	38
	最大值	108	78	115	113	110	92	116	101	117	119	118	76	106
	平均值	21.56	59.00	63.86	45.80	74.33	46.40	58.63	65.00	48.00	87.50	94.00	52.00	69.60
	标准差	33.94	18.35	37.12	41.48	34.12	31.72	26.48	33.06	37.59	17.84	34.07	24.12	28.32
创新能力	最小值	14	9	8	29	5	4	6	1	10	2	13	52	15
	最大值	117	119	114	116	50	100	118	93	115	110	20	113	102
	平均值	55.78	66.00	56.43	69.20	26.33	59.40	64.81	60.25	80.12	41.83	17.00	88.75	56.00
	标准差	33.29	45.09	40.96	26.97	22.59	39.60	32.58	41.63	35.02	31.62	3.61	26.74	38.66

4. 各省份的创新环境比较

单独分析创新环境维度，以平均值作为分析依据来看，创新环境最好的为重庆，平均值是 15.00，优势较为突出；海南省的平均值是 27.67，优势不明显；最差的为山西省，平均值是 78.20；甘肃省的平均值是 89.75。

5. 各省份的创新管理比较

单独分析创新管理维度，以平均值作为分析依据来看，创新管理最好的为河北省，平均值是 21.56；最差的为湖南省，平均值是 87.50；重庆市的平均值是 94.00，其中重庆市在这些省份中劣势较为明显。

6. 各省份的创新能力比较

单独分析创新能力维度，以平均值作为分析依据来看，创新能力最好的为海南省，平均值是 26.33；重庆市的平均值是 17.00，其中重庆市在综合评分中排名较高；最差的为河南省，平均值是 80.12；甘肃省平均值是 88.75，其中甘肃省在所有省份中最终排名靠后。

通过上述分析，笔者发现河北、江苏、广东、海南、山西、江西、河南、湖南、重庆、甘肃 10 个省份在各个维度上的排名要么出现极高值、要么出现极低值、要么同时出现较高较低值。可见这些省份的村镇银行在发展过程中没有注重几个维度之间的协调配合。

三、整体样本统计分析

1. 单项创新能力不协调现象明显

综合表 7-7、表 7-10 进行分析发现，村镇银行的整体创新能力较弱，得分不高，大部分的村镇银行并不能协调创新投入、创新产出、创新环境和创新管理四个维度的发展，总有 1~2 个维度出现得分过低排名靠后的情况。如 JX072 村镇银行创新投入得分 0.52712，排名第 1，创新产出得分 0.62371，排名第 7，创新环境得分 0.72407，排名第 1，这三项维度在所有样本中排名非常靠前，但创新管理维度得分仅 0.36570，排名第 48，最终 JX072 村镇银行创新能力综合排名仍为第 1。Hn044 村镇银行创新投入得分 0.42696，排名第 9，创新产出得分 0.56338，排名第 9，创新环境得分 0.47529，排名第 18，前三个维度排名都相对靠前，但创新管理得分仅0.27835，排名第98，最终Hn044村镇银行创新能力排名第7。虽然这两家村镇银行最终创新能力综合排名都较为靠前，但其前四项维度的单向排名呈现明显不协调，类似的村镇银行比比皆是，表7-13归纳了一些不协调现象较为明显的村镇银行，见表7-13。

表7-13 单项创新能力不协调代表样本

Num	创新投入	创新产出	创新环境	创新管理	创新能力
HB155	96	38	59	3	39
HB158	49	69	24	1	14
HB159	82	48	43	2	21
JS068	14	3	89	78	9
hn022	20	2	28	42	5
JX072	1	7	1	48	1
HN032	113	47	3	74	19
HN131	44	21	6	62	10
HN148	45	94	54	8	54
HN151	102	81	85	9	104
HN153	101	101	34	6	67
Hn044	9	9	18	98	7
Hn051	7	43	75	119	37
Hn053	6	14	117	89	22
Hn061	19	10	2	79	2
CQ129	23	90	7	109	20
GX020	26	75	9	63	15

2. 投入产出不对称现象严重

企业都希望以最小的资源投入获得最大的经济产出。村镇银行创新过程中，也需要衡量其投入产出比。通过对表7-7创新投入和创新产出两个维度的分析，我们发现将近一半的村镇银行出现了投入产出不对称的现象。这种现象又分为两种：第一种创新投入远远大于创新产出，如HB157村镇银行，创新投入得分为0.47855，排名第4，创新产出得分却只有0.18784，排名第80。

第二种创新产出远远大于创新投入。如 SX077 村镇银行，创新投入得分仅为 0.22023，排名第 74，创新产出却达到 0.63937，排名第 6。其余典型样本见表 7-14。对于前者，明显的投入未能带来较好的产出效果，那么应该深入分析银行的创新投入结构，剔除不必要的支出，抓住重点进行投入与开发。对于后者较低的投入带来较高的产出，对这类村镇银行应充分分析其典型意义和借鉴意义，以便于其他村镇银行进行学习效仿。

表 7-14　创新投入产出不对称代表样本

Num	创新投入	创新产出	创新环境	创新管理	创新能力
HB157	4	80	91	5	31
JX141	5	93	101	101	62
CQ086	2	73	8	118	13
GZ021	3	100	108	105	61
ZJ083	46	4	23	107	8
ZJ084	60	5	98	34	12
SX077	74	6	4	25	4
AH097	56	8	72	51	11
Hn054	32	1	11	104	3

第八章　研究结论与政策运用

第一节　研究结论

一、以"目标观"为导向，是农村新型金融组织实现持续健康发展的方向标

在政府主导的农村金融改革模式下，农村新型金融组织从设立之初就肩负着双重责任和目标，即一方面尽可能多地满足不同层次的农村金融需求，特别是贫困农户的资金需求；另一方面作为自主经营、自负盈亏的金融企业，实现自身经济利益的可持续性。十多年来，村镇银行、农村小额贷款公司和农村资金互助社等农村新型金融组织的整体发展态势良好，整体发展速度较快，有效地弥补了我国广大农村地区金融服务不足的局面，进一步丰富了我国农村金融市场体系，也增添了农村金融机构之间的竞争压力，更是在实践层面深化了我国农村金融的市场化改革，为我国农村普惠金融体系建设打下了坚实的基础。但是，农村新型金融组织在发展过程中也存在较为明显的问题，比如，在"逐利"理性思维的驱动下，许多农村新型金融组织在其快速成长的过程中逐步偏离了政府改革的初衷、"背农"和"脱农"行为日趋增多、普惠金融的社会责任难以落实，这些问题的出现严重压缩了农村新型金融组织的成长空间。

因此，农村新型金融组织必须重新审视自身存在的价值，从“目标观”出发，积极协调好“经济利益”和“社会责任”双重目标，达到实现可持续健康发展的目的。

二、以“创新性”为动力，是农村新型金融组织实现持续健康发展的关键点

从某种意义上说，创新是一个农村新型金融组织生存和发展的灵魂，体制机制创新可以理顺农村新型金融组织的日常管理、破除行政干预桎梏；理念创新可以增强农村新型金融组织员工的凝聚力、向心力和创造力，拓展其领导者的专业视野；技术创新可以降低农村新型金融组织的运营成本，提高经营效率。相比传统商业性银行来说，农村新型金融组织是一个新兴事物，理应通过不断寻求创新行为，逐步提升自身在农村金融市场中的竞争力。然而，笔者研究发现，农村新型金融组织员工的创新意愿并不强烈，创新行为态度、主观规范和感知行为控制与其创新意愿影响的主效应显著正相关，这些充分表明要提升农村新型金融组织的创新意愿必须有积极的创新态度，在外部环境上营造不断推陈出新的压力，增强员工对创新性行为的感知能力。另外，农村新型金融组织的创新能力整体并不高，具体表现在：创新投入严重不足、创新产出不多、创新环境并未形成、创新管理的思路未能理顺。因此，农村新型金融组织必须重视培育自身的“创新性”动力，从“四个维度”出发，形成“创新性”合力，推动其可持续健康成长。

三、以“差异化”为路径，是农村新型金融组织实现持续健康发展的着力点

农村新型金融组织的出现是我国农村金融市场“增量”改革的必然产物，其一方面增加了农村金融市场上的资金供给数量，另一方面则加剧了农村金融市场上的竞争压力。现实中，在地方政府思维的主导下，农村新型金融组织在管理模式、产品设计、营销理念等很多层面上篆刻着传统商业性银行的烙印，

“同质化”现象非常严重。在中央政策的推动下，近年来，越来越多的传统商业性银行开始拓展农村金融市场，倘若农村新型金融组织未能寻找到其“差异化”发展路径，最终必将被农村金融市场所抛弃，难以实现可持续发展。笔者既运用SWOT方法分析了不同类型农村新型金融组织在现有农村金融市场体系中存在的优势和劣势、机遇和挑战，也深入剖析了国外农村金融组织发展的成功经验，研究发现，“扬长避短，求同存异”才是推动农村新型金融组织成长的基本方略。因此，农村新型金融组织必须重新梳理自身的发展战略，从“差异化”路径出发，不断拓展成长空间和轨迹，推动其可持续健康成长。

四、以“协调性”为手段，是农村新型金融组织实现持续健康发展的基本点

在企业经营中，“协调性”是指企业的人力、资金、物资等在生产经营各环节中的协调配合和紧密衔接。农村新型金融组织的“协调性”主要体现在：①“经济利益”和“社会责任”双重目标的协调。研究发现，“经济利益”和“社会责任”双重目标之间的矛盾是长期存在的，并影响深远，随着外部环境、约束条件和农村新型金融组织自身的变化，协调双重目标的机制和方法也应随之调整。②政府、农户和农村新型金融组织三方利益主体之间的协调。研究发现，农村新型金融组织为了实现其经济利益，需给农户提供贷款，但在农户还款阶段，由于农村新型金融组织与农户信息不对称、政府缺乏引导、追索贷款的成本等因素，可能面临农户违约的风险；农村新型金融组织为了履行其社会责任，需在政府引导下，担负起社会责任，提高社会福利。此时，在现有约束条件下，需要建立起协调政府、农户和农村新型金融组织三方利益均衡的相关机制，调动三方利益主体的主动性和积极性。因此，农村新型金融组织必须重新思考相关主体的利益关系，从“协调性”手段出发，不断提升不同利益主体的收益均衡点，推动其健康可持续发展。

第二节 政策运用

积极促进我国农村新型金融组织发展是建设社会主义新农村、解决“三农”问题、实现乡村振兴的有效途径，为了能协调农村新型金融组织“经济效益”和“社会责任”双重矛盾，推进农村普惠金融体系建设，实现农村新型金融组织与农户、农村小微企业协调、可持续发展，必须消除农村新型金融组织发展的阻碍，为我国农村金融信贷业务的发展做出贡献。

一、积极拓展融资渠道

随着我国农村经济的快速发展，农村对金融信贷服务的需求越发强烈，为了满足不断变化的农村金融需求，农村金融组织的信贷供给显得尤为重要。但现有的农村金融组织融资能力有限，再加上由于某些历史和自身环境因素制约，无法保障其能提供农户应有的信贷供给，这主要表现在：一方面由于农户自身经营能力有限、抗风险能力弱以及资金安全无法有效保障等因素，许多农村金融机构限制其涉农信贷，因此在融资环节往往也选择了脱离农户资金，缺少对农户资金吸纳的农村金融机构自然无法以利益形式回报农户，进而使“脱农”“背农”情形恶化，导致农村社会福利下降，严重制约农村经济可持续发展。另一方面由于政府对农村金融机构的严格管制，限制了农村金融机构的资金来源，大部分农村金融机构依然采用传统的资金吸纳方法，单纯依靠金融资金存储以及社员自身的金融资金积累来实现融资，难以满足当前农户及农村小微企业对资金的需求。为了提高农村金融组织信贷资金的安全性，应积极尝试和探索拓展新的融资渠道，在保证充分吸纳农户资金和金融资金存储的基础上，应积极争取其他商业金融机构的低息资金融入，努力把握地方政府对农村的支持性资金补助。

二、培养农村金融人才

从长远角度考虑，结合中国农村金融发展特点，由于城乡二元化等不利因素的影响，我国高校金融专业毕业生大多选择进入城市，加上当地政府对农村金融人才培训和考核力度不够，导致目前我国农村新型金融组织缺乏专业金融人才，阻碍了农村新型金融组织的发展。为了解决农村金融人才短缺的困境，实现农村新型金融组织可持续发展，应结合农村发展的具体特点，大力培养农村金融专业性人才，支持农村新型金融组织良性发展。一方面农村新型金融组织应积极引进正规高校金融专业毕业生，鼓励高校人才加入，奖励有特殊贡献的金融人才，并对农村金融人才进行专业培训和定期考核，使其更加适应农村金融信贷业务。另一方面加大对农村当地金融人才的专业技能培训，并吸纳进入农村新型金融组织，通过严格的培训与实践，加上政府财政部门的监督和审核，为农村金融业务的发展做出更大的贡献。

三、建立完善运行机制

相比于外部环境因素的促进作用，农村新型金融组织内生性推动作用对农村金融体系的完善显得更为重要，在坚持政府对农村新型金融组织大政方针的前提下，建立并完善农村新型金融组织的运行机制，有利于促进农村新型金融组织健康发展。由于农村新型金融组织在机制运行方面有政府相关政策的限制，主要表现在：在吸纳金融资金方面，农村新型金融组织是一个相对封闭性的系统，不对外吸纳储备资金，资金封闭循环；在管理机制方面，还不够全面，没有形成系统化、条例化的管理体系，许多细则还不完善；在奖惩机制方面，还没有明确规定奖惩细则，无法调动员工积极性；在民主性机制方面，农村新型金融组织在与农户产生信贷关系的过程中，没有意识到农村新型金融组织与农户在合作中的平等关系，带有强制性和专制性的信贷行为。要促进农村金融健康发展，需要建立和完善农村新型金融组织的运行机制，农村新型金融组织需要开放性地吸收外部资金，改变资金封闭循环的不良状态，制定条例管理内部系统，明确管理细则，提高员工积极性，在与农户产生信贷业务的同时，要意识到自身与农户的经济合作行为是平等的，改变强制、专制的不良行为，以低姿态更好地服务涉农信贷业务。

四、加大政府扶持力度

农村金融信贷业务由政府财政部门管控监督，如果没有政府财政部门的支持，农村金融信贷将难以正常运作，这主要是由于：农村新型金融组织资金链较为薄弱，政府对金融机构征收税金，使农村新型金融组织面临巨大的经济压力，另外由于农户从事农业生产所承担的经济风险较高，需要政府给予支持和补贴，在农户与农村新型金融组织之间由于存在信息不对称性，无法较好地完成农业金融信贷业务，农村金融配套设施欠完善，使得农村新型金融组织的金融服务无法较好地延展下去，很难与其他金融机构相抗衡。因此，需要加大政府扶持力度，加强政府对农村金融信贷业务的管控监督，对农户和农村新型金融组织给予政策支持，在一定时间内减少或免除农村新型金融组织的税金，减轻农村新型金融组织经济负担，加强对农户农业生产的风险管控，给予农户一定的经济补贴，指导和支持农户申请农业信贷，建立第三方金融监控平台，消除农户与农村新型金融组织之间的信息不完全，完善农村金融配套设施，在农村建设多个金融信贷网点，推广农村金融服务工作，创造优质金融服务，提升农村新型金融组织抵御外来金融风险的能力，使农村金融信贷业务得到较好的延展。

五、改善金融生态环境

我国农村地区金融生态环境不利于农村新型金融组织的良性发展，这主要是由于：长期的城乡二元化使农村地区经济发展水平较低，农村金融环境脆弱，表现为农村经济基础薄弱、农村金融机构发展缓慢、农村金融信贷资金短缺等。另外，许多地区农户金融信贷的信用意识较低，多出现欠债、逃债行为，影响长期的金融信贷业务，农村地区金融法律法规不健全，金融执法力度不够，严重阻碍农村新型金融组织的可持续发展。为了实现农村新型金融组织健康发展，需要改善目前我国农村金融生态环境，政府财政部门需要给予政策支持，加快农村金融组织的发展与完善，加强农村新型金融组织多元化融资，保障金融机构资金链，增强风险抗性，对在金融信贷过程中出现欠债、逃债行为的农户，政府要给予惩罚，规范金融机构信贷业务流程，建立健全金融法律法规，加强金融执法力度，严惩破坏金融秩序的违法犯罪行为，以良好的金融生态环境，促使农村新型金融组织和谐健康发展。

六、加强金融风险防控

我国农村新型金融组织在农村金融信贷业务流程中存在着目标、经营、政策等多重风险，农村金融信贷业务中的高风险若不能及时管控，将会严重制约我国农村新型金融组织的发展。我国农村新型金融组织所面临的风险主要有：由于我国农村地广人稀，金融信贷农户较为分散，农村新型金融组织在提供信贷前的审核成本增加，因此金融信贷交易成本变得较高，加大了金融信贷的经营风险；由于农村经济环境、经济待遇等因素无法与城市金融机构相比，导致农村金融机构难以留住金融专业人才，区域性因素导致农村金融机构仅限于在局部范围内提供金融信贷服务，对外提供金融服务的可能性较小，农产品生产很大程度上受到自然因素的限制，使风险变得难以预测，农村风险保险业务发展较为滞后，“经济效益”和“社会责任”难以协调易造成农村新型金融组织破产。因此，我国农村新型金融组织走普惠金融路线，需要加强对金融风险的防控，加大政策支持，降低信贷交易成本，鼓励吸引优秀金融人才，扩大金融信贷业务范围，建立和完善农村金融保险体系，提高风险管控能力，减少操作经营风险，提高农户农村金融认知水平，加大农村金融宣传力度，划分风险等级，明确职责、加强分工，实施有效的风险评估，制定风险应对策略，协调农村新型金融组织“经济效益”和“社会责任”双重矛盾，坚持走农村普惠金融路线，实现农村新型金融组织与农户农业生产、农村小微企业协调可持续发展。

附　录

关于农村新型金融组织创新能力评价的调查问卷*

一、基本信息

1. 组织名称：________省________市________县____________________
2. 成立时间：________年________月________日
3. 注册资本：__________________________万元
4. 正式员工总数：________________________人
5. 下辖金融机构数量：____________________家

二、创新投入

（一）人员投入

最高学历	本科以下	本科	研究生	博士
人数（人）				
最高职称	初级职称	中级职称	高级职称	—
人数（人）				—

1. 本单位是否有专门的金融产品开发（设计）部门（团队）？

A. 没有　　　　　B. 有

2. 若有金融产品开发（设计）部门（团队），该部门（团队）员工有多少人？

---

* 项目支撑：国家社会科学基金“双重目标驱动下农村新型金融组织创新研究”（项目编号：11CJY047）。

A. 0~3　　B. 3. 1~6　　C. 6. 1~9　　D. 9. 1~12　　E. 12 以上

3. 本单位是否有专门的新金融产品销售部门（团队）？

A. 没有　　B. 有

4. 若有新金融产品销售部门（队伍），该部门（团队）员工有多少人？

A. 0~5　　B. 5. 1~10　　C. 10. 1~15　　D. 15. 1~20　　E. 20. 1~25

F. 25. 1~30　　G. 30. 1~35　　H. 35. 1~40　　I. 40. 1~45　　J. 45 以上

（二）资金投入

1. 本单位用于金融产品开发的资金投入为平均______万元/年？

A. 0~10　　B. 10. 01~20　　C. 20. 01~30　　D. 30. 01~40

E. 40. 01~50　　F. 50 以上

2. 本单位用于新产品推广费用为平均______万元/年？

A. 0~10　　B. 10. 01~20　　C. 20. 01~30　　D. 30. 01~40

E. 40. 01~50　　F. 50 以上

3. 本单位是否有参与或主持的相关科研项目？

A. 否　　B. 是

4. 若有相关科研项目，用于项目的资金平均______万元/年？

A. 0~10　　B. 10. 01~20　　C. 20. 01~30　　D. 30. 01~40

E. 40. 01~50　　F. 50 以上

三、创新产出

1. 本单位创新金融产品总数？

A. 0~3　　B. 3. 01~6　　C. 6. 01~9　　D. 9 以上

2. 本单位自成立第二年起年平均净利润为______万元/年？

A. 0~500　　B . 500. 1~1000　　C. 1000. 1~1500　　D. 1500. 1~2000

E. 2000. 1~2500　　F. 2500. 1~3000　　G. 3000. 1~3500　　H. 3500 以上

3. 本单位自成立第二年起创新产品年均利润占总利润的平均百分比为____%？

A. 0~10　　B. 10. 1~20　　C. 20. 1~30　　D. 30. 1~40

E. 40. 1~50　　F. 50%以上

4. 本单位自成立第二年起年平均涉农贷款比重为____？

A. 0~20%　　B. 20. 1%~40%　　C. 40. 1%~60%　　D. 60. 1%~80%

E. 80. 1%~100%

5. 本单位自成立第二年起年平均申贷成功农户比例？（申请成功农户数/申请贷款农户总数）

A. 0~20%　　B. 20. 1%~40%　　C. 40. 1%~60%　　D. 60. 1%~80%

E. 80. 1%~100%

6. 本单位年均论文著述发表数？

A. 0~3　　B. 3. 01~6　　C. 6. 01~9　　D. 9 以上

四、创新环境

1. 本单位自成立第二年起涉农贷款中年平均保证贷款占比为____？

A. 0~20%　　B. 20. 1%~40%　　C. 40. 1%~60%　　D. 60. 1%~80%

E. 80. 1%~100%

2. 本单位自成立第二年起涉农贷款中年平均抵质押贷款占比为____？

A. 0~20%　　B. 20. 1%~40%　　C. 40. 1%~60%　　D. 60. 1%~80%

E. 80. 1%~100%

3. 本单位自成立第二年起涉农贷款中年平均信用贷款占比为____？

A. 0~20%　　B. 20. 1%~40%　　C. 40. 1%~60%　　D. 60. 1%~80%

E. 80. 1%~100%

4. 本单位开展对农业务时，最大的竞争者是____？

A. 国有银行　　B. 其他商业银行　　C. 农信社（含农商行）

D. 政策性银行　　E. 农村新型金融组织　　F. 非正规金融机构

5. 本单位辖区内对农业务竞争者数量有多少家？

A. 0~20　　B. 20. 1~40　　C. 40. 1~60　　D. 60. 1~80

E. 80. 1~100　　F. 100. 1~120　　G. 120. 1~140　　H. 140 以上

6. 本单位自成立第二年起获得政府补助（增量奖励资金+定向财政补贴等）为平均____万元/年？

A. 0~500　　B. 500. 1~1000　　C. 1000. 1~1500　　D. 15000. 1~2000

E. 2000. 1~2500　　F. 2500. 1~3000　　G. 3000. 1~3500　　H. 3500 以上

五、创新管理

1. 本单位新的金融产品从开发到正式投放市场平均用时______月？

A. 0～1　　B. 1.01～3　　C. 3.01～6　　D. 6.01～9

E. 9.01～12　　F. 12 以上

2. 本单位涉农贷款平均审批时间为____工作日？

A. 0～3　　B. 3.01～6　　C. 6.01～9　　D. 9.01～12

E. 12 以上

3. 本单位自成立第二年起年平均不良贷款率为______%？

A. 0～3　　B. 3.01～6　　C. 6.01～9　　D. 9.01～12

E. 12 以上

4. 本单位年平均单一集团客户授信集中度为______%？

A. 0～3　　B. 3.01～6　　C. 6.01～9　　D. 9.01～12

E. 12 以上

5. 本单位年平均资本充足率为______%？

A. 0 以下　　B. 0.1～5　　C. 5.1～10　　D. 10.1～15

E. 15.1～20　　F. 20.1～25　　G. 25.1～30　　H. 30.1～35

I. 35.1～40　　J. 40 以上

6. 本单位年平均资产流动性比例为______%？

A. 0～20　　B. 20.1～40　　C. 40.1～60　　D. 60.1～80

E. 80.1～100　　F. 100.1～120　　G. 120.1～140　　H. 140 以上

被调查者基本信息：

姓名：____________　　联系方式：____________　　邮箱：____________

调查过程中特殊情况记录：

调查员：____________　　日期：____________

参考文献

[1] Ajzen, I., Fishbein. M. Understanding Attitudes and Predieting Social Behavior [M]. Englewood Cliffs, NJ: Preniice-Hall, 1980.

[2] Ajzen. From Intentiont Oaetions: Atheory of Planned Behavior [J]. Springer, Heidelberg, 1985 (11).

[3] Ajzen, I. The Theory of Planned Behavior [J]. Organizational Behavior and Human Decision Proeesses, 1991, 50 (2).

[4] Ajzen. Perceived Behavioral Control, Self-Efficacy, Locus of Control, and the Theory of Planned, Behavior [J]. Journal of Applied Social Psychology, 2002 (32).

[5] Arora, R. U. Measuring Financial Access [J]. Griffith University, Discussion Paper in Economics, 2010 (7).

[6] Amabile, T. M. A Model of Creativity and Innovationin Organization [J]. Research in Organizational Behavior, 1988 (10).

[7] A. P. Pati. Enhancing Financial Inclusion: The Catalytic Role of Self Help Groups [J]. The Management Accountant, 2009 (5).

[8] Allen N. Berger, Iftekhar Hasan, Leora F. Klapper. Further Evidence on the Link between Finance and Growth: An International Analysis of Community Banking and Economic Performance [J]. Journal of Financial Services Research, 2004 (2).

[9] Baron, R. M., Keimey, D. A. The Mode Rator-mediator Variable Distinetion in Soeial Psyehologieal Researeh: Eoneeptual, Strategie and Statistieale on

Side Rations [M]. Joumal of Personality and Soeial Psyehology, 1986, 51 (6).

[10] Beck, T., Demirguc-Kunt A., Martinez Peria M. S. Reaching out: Access to and Use of Banking Services Across Countries [J]. Journal of Financial Economics, 2007, 85 (1).

[11] Berger A. N., Udell Gregory F. Small Business Credit Availability and Relationship Lending: The Importance of Bank Organizational Structure [J]. Economic Journal, 2002, 112 (477).

[12] Benfratello, L., Schiantarelli, F., Sembenelli, A. Banks and Innovation: Microeconometric Evidence on Italian Firms [J]. Journal of Financial Economics, 2008 (90).

[13] Carroll Quigley. The Evolution of Civilizations: An Introduction to Historical Analysis [J]. Liberty Fund Inc, 1979 (7).

[14] Cole S. Fixing Market Failures or Fixing Elections? Agricultural Credit inIndia [J]. American Economic Journal, Applied Economics, 2001 (1).

[15] Chakravarty, S. R. and R. Pal. Measuring Financial Inclusion: An Axiomatic Approach [J]. Journal of Policy Modeling, 2013 (35).

[16] CGAP. Access for All: Building Inclusive Financial Systems [M]. Brigit Helms, 2006.

[17] CGAP. Advancing Financial Inclusion to Improve the Lives of the Poor [EB/OL]. http: //www. cgap. org/publications/cgap-strategic-directions 2014-2018.

[18] DeYoung R., Hunter W. C., Udell G. F. The Past, Present, and Probable Future for Community Banks [J]. J Financ Serv Res, 2004 (25).

[19] David W. John. Cooperative Learning and Social Interdependence Theory [M]. Verlag: Springer, 1998.

[20] Djankov, S., McLiesh, C. and Shleifer, A. Private Credit in 129 Countries [J]. Journal of Financial Economics, 2007 (84).

[21] David A. Carter, James E. McNulty. Deregulation, Technological Change, and the Business-lending Performance of Large and Small Banks [J].

Journal of Banking and Finance, 2004 (5).

[22] Davis, G. A. Creativity 15 Forever Dubuque [M]. IA: Kendall/hunt, 1992.

[23] Emine Boz, Enrique G. Mendoza. Financial Innovation, the Discovery of Risk, and the U. S. Credit Crisis [J]. Journal of Monetary Economics, 2014.

[24] Franklin Allen , Douglas Gale. Competition and Financial Stability [M]. Ohio State University Press, 2004.

[25] Fishbein, M. , Ajzen, I. Belief Attitude, Intention and Behavior: An Introduction to Theory an Research [M]. Boston MA: Addison - Wesley, 1975.

[26] G. F. Udell, Berger, A. N. and A. Saunders, J. M. Scalise. The Effects of Bank Mergers and Acquisitions on Small Business Lending [J]. Journal of Financial Economics, 1998 (50).

[27] Hicks, J. R. "Leon Walras", Econometrica, and in Classics and Moderns [M]. Basil Blackwell, Oxford, 1983.

[28] Hannon, T. H, & J. M. McDowell. Market Concentration and Diffusion of New Technology in the Banking Industry [J]. Review of Economics and Statistics, 1984 (11).

[29] Hal R. Varian Intermediate Microeconomics: A Modern Approach [J]. New York, N. Y, 1999.

[30] Hakenes H. , I. Schnabel. The Threat of Capital Drain: A Rationale for Public Banks [R]. Working Paper Series Max Planck Institute for Research on Collective Goods, 2006.

[31] Hellmann, Murdock, Stiglitz. Liberalization, Moral Hazard in Banking, and Prudential Regulation: Are Capital Requirements Enough [J]. The American Economic Review, 2000 (90).

[32] Herrera, A. M. , Minetti, R. Informed Finance and Technological Change: Evidence from Credit Relationships [J]. Journal of Financial Economics, 2007 (83).

[33] John Nugé, E., Avinash D. Persaud. Redesigning Regulation of Pensions

and Other Financial Products [J]. Oxford Review of Economic Policy, 2006.

[34] Keldon Bauer. Detecting Abnormal Credition Performance [J]. Journal of Banking & Finance, 2008 (32X).

[35] King, R., Levine, R. Finance, Entrepreneurship and Growth: Theory and Evidence [J]. Journal of Monetary Economics, 1993a (32).

[36] Lindsey Appleyard. Geographies of Financial Inclusion in the US and UK, Geoforum [J]. Community Development Finance Institutions, 2011 (42).

[37] Lakshmi Narayana V. Regional Rural Banks-problems and Prospects a Case Study [J]. Financing Agriculture, New Delhi, April-June, 1984, 14 (2).

[38] Lepnard I. Nakamura. Macro Economic Policy and Reality Deepening Rural Financial Markets: Macroeconomic, Policy and Political Dimensions. Paving the Way Forward for Rural Finance, an International Conference on Best Practices, Working Pape, 1994.

[39] Morduch. Commercialization of Microfinance: A Frame Work of Lat in-America [J]. World Bank, 2010.

[40] Monika Huppi, Gershon Fed. The Role of Groups and Credit Cooperatives in Rural Lending [J]. The World Bank, 1989 (10).

[41] N. A. Fernando. Managing Micro-finance Risks Some Observations and Suggestions [J]. Asian Journal of Agriculture and Development, 2008 (4).

[42] Nair, Ajai, Fissha, Azeb. Rural Banking: The Case of Rural and Community Banks in Ghana [M]. Innovations in Rural and Agriculture Finance, 2010.

[43] Oliver Sheldon. The Philosophy Management [M]. Sir lsaac Pitman and Sons Ltd., 1924.

[44] Petersen, M., Rajan, R. The Effect of Credit Market Competition on Lending Relationships [J]. Quarterly Journal of Economics, 1995 (110).

[45] Plessis, M. The Role of Knowledge Management in Innovation [J]. Journal of Knowledge Management, 2007, 11 (4).

[46] Prabal Roy Chowdhury. Group-lending with Sequential Financing, Contingent Renewal and Social Capital [J]. Journal of Development Economics, 2006 (1).

[47] Robert C. Merton. A Functional Perspective of Financial Intermediation [J]. Financial Management, 1995, 24 (2).

[48] Robert Cull, Kinnon Scott. Measuring Household Usage of Financial Services: Does it Matter How or Whom You Ask? [R]. Policy Research Working Paper, 2009.

[49] Rehman A. Alleviation of Rural Poverty: Replicability of Grameena Bank Model [J]. Grameena Bank Evaluation Project, Agriculture and Rural Development Studies, Economic and Political Weekly, 1987, 7 (11).

[50] Robert A. Hoppe, David E. Banker. Structure and Finances of U. S. Farms: Family Farm Report [R]. 2010 Edition, EIB-66, 2010.

[51] Ritchie, Anne. Community-Based Financial Organizations: Access to Finance for the Poorest [M]. Innovations in Rural and Agriculture Finance, 2010.

[52] Re-Jin Guo, Nan Zhou. Innovation Capability and post-IPO Performance [J]. Review of Quantitative Finance and Accounting, 2014 (8).

[53] Schumpeter, J. The Theory of Economic Development [J]. Harvard Economic Studies, 1911 (46).

[54] Sarma, M. Index of Financial Inclusion [J]. Jawaharlal Nehru University, Discussion Paper in Economics, 2010 (11).

[55] S. Bhattacharyya, V. Nanda. Client Discretion, Wwitching Costs, and Financial Innovation [J]. Review of Finance, 2000, 13 (14).

[56] Seibe L. Hans Dieter. Rural Finanee: Mainstreaming Informal Financial Institutions [J]. Journal of Developmental Enter Premiership, 2001, 6 (4).

[57] Silber W. L. The Process of Financial Innovation [J]. The American Economist, 1983, 5 (5).

[58] Shashank, Bansal. Perspective of Technology in Achieving Financial Inclusion in RuralIndia [J]. Procedia Economics and Finance, 2014 (11).

[59] Singh, R. P. Disbursement, Overdues and Factors Affecting Repayment Capacity of Barrowers [J]. Indian Journal of Agricultural Economics, New Delhi, 1988, 43 (3).

[60] Stiglitz, J. E., A. Weiss. Credit Rationing in Markets with Imperfect Information [J]. American Economic Review, 1981 (71).

[61] Stein, Jeremy C. Information Production and Capital Allocation: Decentralized vs. Hierarchical Firms [R]. NBER Working Paper, 2000.

[62] Sylviane Guillaumont Jeanneney, Kangni Kpodar. Financial Development and Poverty Reduction: Can There be a Benefit without a Cost? [J]. Journal of Development Studies, 2011 (1).

[63] Teakdong Kim, Bonwoo Koo, Minsoo Park. Role of Financial Regulation and Innovation in the Financial Crisis [J]. Journal of Financial Stability, 2013.

[64] Tung-Hao Lee, Shu-Hwa Chih. Does Financial Regulation Affect the Profit Efficiency and Risk of Banks? Evidence from China's Commercial Banks [J]. North American Journal of Economics and Finance, 2013 (26): 705-724.

[65] W. Scott Frame, Lawrence J. White. Empirical Studies of Financial Innovation: Lots of Talk, Little Action? [J]. Journal of Econometrics, 2004, 42 (1): 116.

[66] Zeller, M., R. L. Meyer. The Triangle of Micro-finance: Financial Sustainability, Outreach, and Impact [M]. Johns Hopkins University Press, Baltimore and London, 2002.

[67] Zeller, Manfred. Models of Rural Financial Institutions [J]. Paper Read at Paving the Way Forward for Rural Finance an International Conference on Best Practices, at Washington, DC. 2003.

[68] Zvi Bodie, Robert C. Merton. Finance [M]. Prentice Hall, 1999.

[69] 白钦先，丁志杰．论金融可持续发展 [J]. 国际金融研究，1998 (5).

[70] 李富有．大型金融机构能否为中小企业提供融资服务——兼评“金融机构观”[J]. 当代经济科学，2002 (6).

[71] 张杰．中国农村金融制度：结构、变迁与政策 [M]. 北京：中国人民大学出版社，2003.

[72] 罗来武，刘玉平，卢宇荣．从“机构观”到“功能观”：中国农村金融制度创新的路径选择 [J]. 中国农村经济，2004 (8).

［73］温忠麟，张雷，侯杰泰，刘红云．中介效应检验程序及其应用［J］．心理学报，2004（5）．

［74］白钦先．金融结构、金融功能演进与金融发展理论的研究历程［J］．经济评论，2005（3）．

［75］王芳．我国农村金融需求与农村金融制度：一个理论框架［J］．金融研究，2005（4）．

［76］尹龙．金融创新理论的发展与金融监管体制演进［J］．金融研究，2005（3）．

［77］焦瑾璞．小额信贷和农村金融［M］．北京：中国金融出版社，2006.

［78］徐忠．小额信贷：国际经验及其对我国启示［J］．上海金融，2006（8）．

［79］白钦先．论金融功能演进与金融发展［J］．金融研究，2006（7）．

［80］杜晓山．小额信贷的发展与普惠性金融体系框架［J］．中国农村经济，2006（8）．

［81］张杰．中国农村金融制度调整的绩效：金融需求视角［M］．北京：中国人民大学出版社，2007.

［82］熊德平．农村金融与农村金融发展：基于交易视角的概念重构［J］．财经理论与实践，2007（2）．

［83］赵志宏．采用科学的方法提升金融创新能力——商业银行金融创新的“六西格玛”解读［J］．中国金融，2007（15）．

［84］李树生，何广文．中国农村金融创新研究［M］．北京：中国金融出版社，2008.

［85］胡光，梁才．借鉴亚非拉国家经验，促进我国村镇银行稳健发展的思考［J］．区域金融研究，2009（9）．

［86］傅皓辉．借鉴国际经验实现村镇银行的可持续发展［J］．开发研究，2009（6）．

［87］林毅夫，孙希芳，姜烨．经济发展中的最优金融结构理论初探［J］．经济研究，2009（8）．

［88］李明贤．建立普惠制金融，为湖南经济实现“弯道超车”夯实基础

[J]. 湖湘论坛, 2009 (5).

[89] 李喜梅. 基于功能视角的我国农村金融发展研究 [M]. 北京: 中国金融出版社, 2009.

[90] 白钦先, 李钧. 中国农村金融 "三元结构" 制度研究 [M]. 北京: 中国金融出版社, 2009.

[91] 何广文. 解决农村弱势群体贷款融资难问题的逻辑思路 [J]. 中国农村金融, 2010 (1).

[92] 马九杰. 中国农村金融排弃态势与金融普惠策略分析 [J]. 农村金融研究, 2010 (5).

[93] 李鸿建. 村镇银行: 生存困境和制度重构——基于对全国 3 家村镇银行的调查 [J]. 武汉金融, 2010 (3).

[94] 邵传林. 金融 "新政" 背景下农村资金互助社的现实困境——基于 2 个村的个案研究 [J]. 上海经济研究, 2010 (6).

[95] 项俊波. 国际大型涉农金融机构成功之路 [M]. 北京: 中国金融出版社, 2010.

[96] 张世春. 小额信贷目标偏离解构: 粤赣两省证据 [J]. 改革, 2010 (9).

[97] 李明贤, 周孟亮. 我国小额信贷公司的扩张与目标偏移研究 [J]. 农业经济问题, 2010 (12).

[98] 洪正. 新型农村金融机构改革可行吗? ——基于监督效率视角的分析 [J]. 经济研究, 2011 (2).

[99] 景浩. 当前我国村镇银行经营发展现状及问题分析 [J]. 农村金融研究, 2011 (4).

[100] 郭军. 从新型农村金融组织看 "草根金融" 的发展——以平凉市为例 [J]. 西部金融, 2011 (2).

[101] 王曙光, 王东宾. 双重二元金融结构、农户信贷需求与农村金融改革——基于 11 省 14 县市的田野调查 [J]. 财贸经济, 2011 (5).

[102] 丁竹君. 国外农村金融供给模式对我国的启示 [J]. 财会研究, 2011 (22).

[103] 王彬. 中国农村金融体系的功能缺陷与制度创新 [M]. 北京: 经

济科学出版社，2011.

[104] 朱盈盈，李平，曾勇，何佳．境外战略投资者与中资银行创新能力——基于中国 73 家商业银行面板数据的实证分析 [J]．投资研究，2011 (7).

[105] 陆远权，张德钢．双重目标约束与农村新型金融机构的可持续发展 [J]．南方金融，2011 (8).

[106] 张晶，陈迅．农村小额信贷的国际借鉴与延伸 [J]．改革，2011 (3).

[107] 丁涛．新型农村金融机构的 SWOT 分析及其可持续性战略研究 [J]．金融理论与实践，2011 (6).

[108] 陈绍刚，程艳华．不完全信息下基于双目标的博弈并购决策研究 [J]．管理科学，2012 (6).

[109] 徐虹，董晓林，褚保金．农民资金互助社试点模式及对策——基于江苏省试点的考察 [J]．农村经济，2012 (4).

[110] 张龙耀，褚保金．农村金融市场失灵与金融创新研究 [M]．北京：科学出版社，2012.

[111] 杨娴婷，杨亦民．农村新型金融组织的双重目标：矛盾、原因及对策 [J]．农村经济，2012 (4).

[112] 杨亦民，肖金桂．农村新型金融组织双重目标的冲突与协调 [J]．湖南农业大学学报（社会科学版），2012 (2).

[113] 袁洁，杨亦民．双重目标对农村新型金融组织发展的内在要求——基于经济利益与社会责任的视角 [J]．农村经济，2012 (8).

[114] 李明贤，叶慧敏．普惠金融与小额信贷的比较研究 [J]．农业经济问题，2012 (9).

[115] 周孟亮，李明贤，孙良顺．"资金"与"机制"：中国小额信贷发展的关键 [J]．经济学家，2012 (11).

[116] 邱洪华．基于层次分析模型的中国内外资银行创新能力综合评价 [J]．研究与发展管理，2012 (5).

[117] 吴晓灵．促进小额信贷健康发展 [J]．中国金融，2013 (19).

[118] 王婧，胡国晖．中国普惠金融的发展评价及影响因素分析 [J]．金

融论坛，2013（6）.

［119］张军．国外小额信贷模式在我国农村金融中的应用现状分析［J］．农业经济，2013（10）.

［120］谢平，徐忠．新世纪以来农村金融改革研究［M］．北京：中国金融出版社，2013.

［121］王曙光．普惠金融——中国农村金融重建中的制度创新与法律框架［M］．北京：北京大学出版社，2013.

［122］冉光和．现代农村金融制度构建与创新［M］．北京：科学出版社，2013.

［123］胡婉丽．知识型雇员创新行为意愿测量工具研究量表开发、提炼与检验［J］．科技进步与对策，2013（30）.

［124］王红，吴蔚玲，刘纯阳．中国农业政策性金融支农效果分析——基于30个省2005～2009年数据［J］．湖南农业大学学报（社会科学版），2013（4）.

［125］杨亦民，叶明欢．现代农业经营主体的金融支持研究［J］．湖南社会科学，2013（12）.

［126］陆舟．我国农业政策性金融改革与发展研究［J］．重庆交通大学学报（社会科学版），2013（3）.

［127］文春晖，孙良顺．新型农村金融机构监管创新："目标导向"模式［J］．西北农林科技大学学报（社会科学版），2013（5）.

［128］温信祥．日本农村金融及其启示［M］．北京：经济科学出版社，2014.

［129］赵新浩，赵家祯．新型农村合作金融组织的发展路径［J］．河南农业，2014（23）.

［130］周孟亮，李俊．"适应性"农村金融改革与民间资本突围［J］．郑州大学学报（哲学社会科学版），2014（1）.

［131］张国俊，周春山，许学强．中国金融排斥的省际差异及影响因素［J］．地理研究，2014（12）.

［132］焦瑾璞．普惠金融的国际经验［J］．中国金融，2014（10）.

［133］谷慎等．国外农村金融机构体系的考察与经验借鉴［J］．农村经济，2014（7）．

［134］陈希敏，侯英．农户金融合作意愿的影响因素分析——基于西部五省农户调查［J］．陕西师范大学学报（社会科学版），2014（3）．

［135］温涛．农村金融可持续发展的服务创新与动态竞争战略研究［M］．北京：北京师范大学出版社，2014．

［136］钟俊，杨亦民．农村金融机构小额信贷发展对策［J］．现代商业，2014（29）．

［137］沈明高，徐忠，沈艳．中国农村金融研究：改革、转型与发展［M］．北京：北京大学出版社，2014．

［138］谭文培．农村新型金融机构风险评价与预警指标体系构建［J］．湖南社会科学，2014（5）．

［139］严谷军，何嗣江．统筹城乡发展背景下农村新型金融组织创新研究［M］．杭州：浙江大学出版社，2014．

［140］何伟传．农村新型金融组织发展存在的问题及对策［J］．开封教育学院学报，2015（7）．

［141］敦向东．农村新型金融组织的风险管理现状及建议研究［J］．人才资源开发，2015（10）．

［142］黄涛．湖南省新型农村金融组织发展存在的问题及对策探讨［J］．知识经济，2015（19）．

［143］陈晓红，成璐璐，易国栋．小微企业的正规化与非正规选择——基于双重信贷市场的视角［J］．中国管理科学，2015（5）．

［144］孙飞霞．新型农村合作金融组织的发展瓶颈与路径选择［J］．学术交流，2015（7）．

［145］韩立达，陈燕．新型农村合作金融组织发展研究——以成都市为例［J］，农村经济，2015（5）．

［146］焦瑾璞，黄亭亭，汪天都，张韶华，王瑱．中国普惠金融发展进程及实证研究［J］．上海金融，2015（4）．

［147］陈银娥，孙琼，徐文赟．中国普惠金融发展的分布动态与空间趋

同研究［J］. 金融经济学研究，2015（6）.

［148］马九杰. 农业现代化的金融创新驱动与农村金融体制改革［J］. 农业发展与金融，2015（3）.

［149］罗剑朝. 中国农村金融前沿问题研究（1990~2014）［M］. 北京：中国金融出版社，2015.

［150］陶珍生，陈亮. 国外农村金融体系发展的经验与启示［J］. 武汉金融，2015（3）.

［151］张乐柱，刘娟，张少宁. 传统农户正规金融借贷的需求意愿与影响因素实证分析［J］. 山东农业大学（社会科学版），2015（1）.

［152］李国祥，张伟. PPP 项目下的金融创新探讨——基于项目实施不同阶段的博弈分析［J］. 浙江金融，2015（12）.

［153］屈静晓. 我国小额贷款公司发展的现实困境及其出路［J］. 西北农林科技大学学报（社会科学版），2015（5）.

［154］叶明欢，杨亦民. 关于农村新型金融组织创新能力评价研究的文献综述［J］. 经济研究导刊，2015（3）.

［155］陆智强. 基于机构观与功能观视角下的村镇银行制度分析——以辽宁省 30 家村镇银行的调查为例［J］. 农业经济问题，2015（1）.

［156］陆智强，熊德平. 金融发展水平、大股东持股比例与村镇银行投入资本［J］. 中国农村经济，2015（3）.

［157］刘松涛，张彦旸，王俊帆等. 新型农村合作金融组织发展研究——基于台湾储蓄互助社视角［J］. 福建农林大学学报（哲学社会科学版），2015，18（5）.

［158］韩立达，陈燕. 新型农村合作金融组织发展研究——以成都市为例［J］. 农村经济，2015（5）.

［159］罗剑朝，曹燕子，曹瓅. 加大农村金融市场开放力度推进农村金融创新与发展——"农村金融创新与发展"国际学术会议综述［J］. 西北农林科技大学学报（社会科学版），2015（1）.

［160］杨亦民. 目标观：深化农村金融组织变革的应然选择——基于机构观和功能观的实践演进视角［J］. 湖南农业大学学报（社会科学版），2016（3）.

[161] 匡诺一，李思颖．发展农村新型金融组织的探析 [J]．中国市场，2016 (8)．

[162] 徐淑芳，余楚楚．我国村镇银行的财务效率影响因素研究——基于宏观经济环境视角 [J]．宏观经济研究，2016 (5)．

[163] 于洋．农民参与新型合作金融组织的行为——基于辽宁442个试点农户与小微企业的调查数据 [J]．金融理论与实践，2016 (4)．

[164] 陈惠芳．新型农村金融机构微型金融的机制创新研究 [J]．农业经济，2016 (2)．

[165] 张忠宇．我国农村普惠金融可持续发展问题研究 [J]．河北经贸大学学报，2016 (1)．

[166] 师俊国，沈中华，张利平．普惠金融对投资效率的非线性效应分析 [J]．南方经济，2016 (2)．

[167] 杜强，潘怡．普惠金融对我国地区经济发展的影响研究——基于省际面板数据的实证分析 [J]．经济问题探索，2016 (3)．

[168] 郑寿明，吴滋兴，张茂林，蒋立南．基于精准扶贫视角的金融创新研究——福建屏南小额信贷促进会个案分析 [J]．西南金融，2016 (7)．

[169] 马娟，万解秋．供应链金融创新机制：共生系统的优势资源整合与弱势信贷突破 [J]，金融发展研究，2016 (5)．

[170] 高晓光．新型农村金融机构可持续发展研究 [M]．北京：中国金融出版社，2016.

[171] 国务院发展研究中心金融研究所．中国农村金融发展报告2015 [M]．北京：中国发展出版社，2016.

[172] 隋艳颖．中国农村金融排斥的影响效应研究 [M]．北京：中国农业大学出版社，2016.

[173] 吴志远．普惠金融与供给侧结构性改革的关系辨析 [ ]．经济论坛，2016 (4)．

[174] 李明贤，周蓉．异质性社员参与农村资金互助业务的博弈分析 [J]．农业经济问题，2016 (2)．

[175] 李明贤，罗荷花，易蕊琦．中国村镇银行发展、制度改革与路径

选择［J］. 经济体制改革，2016（4）.

［176］高云峰. 中国村镇银行的运行效率及影响因素研究——基于省级面板数据的分析［J］. 投资研究，2016（2）.

［177］李芒环. 我国新型农村合作金融组织的发展障碍与实现路径［J］. 农业经济，2016（1）.

［178］陈一洪. 商业银行小微金融创新再思考——基于服务创新“四维度模型”的视角［J］. 农村金融研究，2016（4）.

［179］周孟亮. 普惠金融视角下新型农村合作金融创新发展——兼谈“百信模式”与“山东模式”［J］. 财经科学，2016（9）.

［180］中国银行业监督管理委员会. 农村新型金融组织经营许可证查询［EB/OL］. http：//xukezheng. cbrc. gov. cn/ilicence/licence/licenceQuery. jsp，2016-09-24.

［181］谢永建. 基于金融效率视角的我国农村新型金融组织发展与创新［J］. 农业经济，2017（8）.

［182］乐昕兴. 农村小额贷款风险分析及管控措施研究［J］. 时代金融，2017（36）.

［183］刘芳. 国外农村金融反贫困模式：实践经验与启示［J］. 世界农业，2017（9）.

［184］谢世清，陈方诺. 农村小额贷款模式探究——以格莱珉银行为例［J］. 宏观经济研究，2017（1）.

［185］贝多广，张锐. 包容性增长背景下的普惠金融发展战略［J］. 经济理论与经济管理，2017（2）.

［186］张正平，杨丹丹. 市场竞争、新型农村金融机构扩张与普惠金融发展——基于省级面板数据的检验与比较［J］. 中国农村经济，2017（1）.

［187］杨亦民，高梅玉，王梓龙. 农村新型金融组织员工创新意愿的影响因素［J］. 西北农林科技大学学报（社会科学版），2018（2）.

后 记

本书是国家社会科学基金项目“双重目标驱动下农村新型金融组织创新研究”（编号：11CJY047）的最终成果。该课题由本人主持，课题组成员包括周孟亮、文春晖、李继志、屈静晓、杨娴婷、叶明欢、袁洁等。在该课题研究开展过程中，我曾多次带领课题组成员先后到湖南、云南、重庆、江西、广州等地农村调研村镇银行、小额贷款公司和农村资金互助社的发展情况，并在《经济学家》《西北农林科技大学学报（社会科学版）》《湖南社会科学》《农村经济》《湖南农业大学学报（社会科学版）》等刊物上发表了一些阶段性研究成果。作为课题负责人，我首先衷心地感谢课题组成员的大力支持和无私奉献，这是本课题得以最终顺利结题的前提和基础。

感谢重庆大学的冉光和教授，恩师经常关心本课题的研究进度，多次孜孜不倦地为我答疑解惑，并亲自修改研究提纲和书稿结构。恩师广博精深的学识、严谨治学的态度、高屋建瓴的研究境界，指引着我不断前行、受益良多。还要感谢刘茂松教授、李连友教授、贺培育研究员、刘云波研究员、李明贤教授、黄正泉教授、李燕凌教授在课题开题报告会上的批评指正和宝贵建议。

感谢我的博士后导师黄速建教授，恩师不仅是我学术上的导师，更是我的人生导师。与恩师一起进行学术探讨和交流的情景依然历历在目，恩师对实践敏锐的洞察力和独特的感悟力，让我体会到保持求真务实的治学态度对一位学者来说是何等的重要。恩师的勉励和关爱，赋予我奋发进取的力量和勇气，激励我在学术的海洋中扬帆远航。

感谢我所带的学生们，他们是肖金桂、杨娴婷、袁洁、刘锦、叶明欢、王梓龙等，他们在资料整理和分析、问卷设计和调研、研究框架的讨论与修改以及阶段性成果的撰写等方面做出了很大贡献。特别是博士生王梓龙同学，他虽然不是课题组成员，但是在学习之余为本课题的最终成果付出了大量辛苦劳动，尤其是就农户、政府、农村新型金融组织三者之间的博弈关系以及整个书稿的校对工作，真是做到了兢兢业业、诚诚恳恳、毫无怨言，让我腾出更多的时间从事其他工作；硕士生叶明欢同学在问卷设计、调研数据的筛选和整理上倾注了大量的时间和精力，为本课题的实证研究奠定了坚实的基础。

感谢湖南农业大学商学院的各位领导和同事们，是他们为我提供了良好的学习、工作和科学研究的平台。长期以来，给予我热情的关怀和帮助，让我有更多的时间和精力完成本课题的相关研究任务。感谢经济管理出版社编辑部的郭丽娟主任以及其他老师们，是他们勤勉敬业的精神和付出才使本书得以顺利出版。

最后，我要感谢我亲爱的家人。整个课题研究历时六年，其中的酸甜苦辣唯有自知。在此期间，我深感亲人们的关爱是何等的宽厚、无私与珍贵。每每思及至此，心怀感恩之余，备感肩负的责任之重大。这种责任必将不断推动着我砥砺前行、奋发有为。

杨亦民

2018 年 8 月 12 日于长沙